中央高校基本科研业务费专项资金资助经费

（Supported by the Fundamental Research Funds for the Central Universities）

"财税金融法研究"项目（编号：20720151038）

A LEGISLATIVE STUDY ON GOVERNMENT
PROCUREMENT OF PUBLIC SERVICES

政府购买公共服务
立法研究

刘玉姿 著

厦门大学出版社
XIAMEN UNIVERSITY PRESS
国家一级出版社
全国百佳图书出版单位

图书在版编目(CIP)数据

政府购买公共服务立法研究/刘玉姿著. —厦门:厦门大学出版社,2016.3
ISBN 978-7-5615-5964-2

Ⅰ. ①政… Ⅱ. ①刘… Ⅲ. ①国家行政机关-社会服务-立法-研究-中国
Ⅳ. ①D630.1 ②D922.104

中国版本图书馆 CIP 数据核字(2016)第 047356 号

出 版 人	蒋东明
责任编辑	甘世恒
装帧设计	李嘉彬
责任印制	许克华

出版发行	厦门大学出版社
社 址	厦门市软件园二期望海路 39 号
邮政编码	361008
总 编 办	0592-2182177　0592-2181253(传真)
营销中心	0592-2184458　0592-2181365
网 址	http://www.xmupress.com
邮 箱	xmupress@126.com
印 刷	厦门市万美兴印刷设计有限公司印刷

开本	720mm×970mm　1/16
印张	11.5
插页	4
字数	204 千字
版次	2016 年 3 月第 1 版
印次	2016 年 3 月第 1 次印刷
定价	49.00 元

本书如有印装质量问题请直接寄承印厂调换

厦门大学出版社
微信二维码

厦门大学出版社
微博二维码

前　言

一、研究背景

改革开放以来,我国公共服务体系和制度建设不断推进,公共服务提供主体和提供方式逐步多样化,初步形成了政府主导、社会参与、公办民办并举的公共服务供给模式。然而,现有的公共服务供给模式仍然无法满足人民群众日益增长的公共服务需求,不少公共服务领域存在质量效率不高、规模不足和发展不平衡等问题。创新公共服务供给模式,强化政府公共服务职能,迫在眉睫。20 世纪 90 年代末以来,我国部分地方立足实际,积极开展政府购买公共服务的探索,取得了良好的效果。实践证明,推行政府购买公共服务模式有助于改善公共服务的质量和效率、促进公共服务均等化、建设服务型政府。

2012 年 7 月,政府购买公共服务的公共服务供给方式纳入《国家基本公共服务体系"十二五"规划》,2012 年 11 月的《民政部、财政部关于政府购买社会工作服务的指导意见》以及 2013 年 9 月的《国务院办公厅关于政府向社会力量购买服务的指导意见》(以下简称《指导意见》)从指导思想、实施机制等角度对政府购买公共服务作出了更为细致的规定。十八大强调要加强和创新社会管理,改进政府提供公共服务的方式,《中共中央关于全面深化改革若干重大问题的决定》不仅再次重申了政府购买公共服务作为新型公共服务供给模式的重要性,同时强调促进社会组织的发展。据其论述,要明确政府与市场在公共服务供给中的定位,优化资源配置,充分发挥社会组织在公共服务供给中的作用,要"深化行政体制改革,创新行政管理方式,增强政府公信力和执行力,建设法治政府和服务型政府……推广政府购买服务,凡属事务性管理服务,原则上都要引入竞争机制,通过合同、委托等方式向社会购买……正确处理政府和社会关系,加快实施政社分开,推进社会组织明确权责、依法自治、发挥作用。适合由社会组织提供的公共服务和解决的事项,交由社会组织承担。支持和发展志愿服务组织"。政府购买公共服务作为一种新型的公共服务供给模式,由地方到中央,由实践到规范,正逐渐走向制度化。

政府购买公共服务模式的重要意义已经得到普遍肯认,但就其实施而言,仍然存在不够系统化、规范化的问题,尤其是缺乏充分的法律保障。在政府购买公共服务迅速发展的今日,政府购买公共服务立法研究势在必行。政府购买公共服务立法研究旨在了解政府购买公共服务的实施情况,推进政府购买公共服务制度建设,把握政府购买公共服务立法时机,指导政府购买公共服务立法,为政府购买公共服务的制度化奠定理论及实务基础,并推进其发展。

二、研究现状

国内关于政府购买公共服务的研究横跨行政学、经济学、法学、社会学等领域。本书主要从法学视角切入,综述政府购买公共服务的历史变迁、理论基础、基本要素等方面的研究现状。

(一)政府购买公共服务的产生与发展

政府购买公共服务起源于西方国家,主要是指发达国家进入 20 世纪 80 年代以后,为了应对福利国家的危机而采取的一种政府改革策略。19 世纪末 20 世纪初,工业的加速发展导致了贫困、疾病和失业等社会问题,为此,英、德等国家开始出台各种社会保障措施,从而承担起为社会成员提供福利的责任。二战后,受贝弗里奇模式影响,政府对福利管理和供给两方面的干预成为主要的治理模式,社会保障范围不断扩大,公共福利开支大幅上升。20 世纪 60 年代,西方福利国家发展到鼎盛时期,相关的制度法规日益完善,社会保障和社会服务内容几乎覆盖所有领域。然而,到了七八十年代,由于社会福利开支日益庞大,而政府服务效率日趋低下,各国政府面临严重的福利危机,纷纷进行大规模的福利改革。国家、集体和个人共同参与、共担风险的积极福利政策应运而生。这种从国家福利向多元福利的转变强调政府不再是唯一的福利提供者,政府购买公共服务的模式逐渐取代了传统的公共服务垄断供给模式。经过几十年的探索,基于比较健全的法律制度、发达的公民社会以及稳定的宪政体制,西方国家的政府购买公共服务已经被运用到社区建设的方方面面,成为公共服务供给的主要形式,并呈现出制度化、竞争性、独立性的特点,[1]具体如下:覆盖范围广,尤其是在教育、公共卫生、文化、社会服务等主要公共服务领域得到了广泛的运用;注重构建平等的公私合作,非营利组织是公共服务购买

---

① 杨宝.政府购买公共服务模式的比较及解释———一项制度转型研究[J].中国行政管理,2011(3).

的主要承接主体;强调公平、公正,公开竞标是主要的购买方式;具备完善的法律规范体系和较为健全的配套制度,如评估制度和以结果为导向的监管制度。

我国政府购买公共服务是在国际、国内两大因素综合作用下发生的。从国际因素来看,政府购买公共服务已经成为公共服务供给的国际趋势。西方发达国家顺应新公共管理运动的发展推行公共服务市场化、社会化,对我国改革起到了示范作用。学界普遍主张政府改革必须摒弃全能政府理念,构建有限政府,即将不该由政府承担的职能或适于社会承担的转移出去,实现职能转变。从国内来看,我国正处于由计划经济体制向市场经济体制的转型时期,在计划经济体制下,政府垄断社会服务,而随着市场经济的体制的发展,国家社会管理职能不断强化,在公共服务领域,政府更是力图通过社会财富的二次分配调解缓和社会矛盾,使得庞大的行政体制成为公共产品服务的直接提供者。然而,随着市场经济的进一步发展和全球化进程的加快,其弊端日益暴露。[①]首先,改革开放三十多年来,随着社会经济的迅速发展,政府供给公共服务能力不足与人民群众物质文化需求日渐提高之间的矛盾日益突出,政府公共服务供给的低效低质导致就业、社会保障、教育、卫生等社会问题日渐突出,如2006年我国公共服务的综合评估报告认为,我国基本公共服务严重不足,综合绩效整体处于偏低的水平。[②] 其次,经济基础决定上层建筑,社会经济的迅猛发展要求政府职能的转变,由规制行政转为服务行政,建立公共服务型政府,而社会工作机构无疑是政府理想的合作伙伴。[③] 最后,社会组织迅速发展,市场经济的发展促进了经济和社会结构的日益分化,各种非政府组织、社会工作机构顺势产生。[④] 目前,我国登记注册的各类民间组织,从1988年有统计的4446家迅速增长到2011年的46.2万家,另外还有数百万没有登记注册的草根组织,它们分布于社会的各个领域,发挥着日益重要的作用。民间组

---

　　① 　许芸.从政府包办到政府购买——中国社会福利服务供给的新路径[J].南京社会科学,2009(7).

　　② 　王振海,王义.地方政府购买民间组织服务的现状与对策[J].天津行政学院学报,2011(5).

　　③ 　陈小强.我国政府购买社会工作服务初探[J].中国政府采购,2008(6).

　　④ 　杨君,徐永祥.新社会服务体系:经验反思与路径建构——基于沪深两地政府购买服务的比较研究[J].学习与实践,2013(8).

织的快速发展为政府部分职能社会化、市场化创造了有利条件。① 一方面,社会组织在公共服务提供上有着政府不可比拟的优势,如更专业、更高效、更具有回应性等;另一方面,政府通过购买公共服务的形式,不仅能够提高公共服务供给的质量,同时也能鼓励、引导社会组织机构的发展。

(二)政府购买公共服务的理论基础

学界主要从三个角度论述政府购买公共服务的理论基础。② 第一种观点侧重以公共物品理论作为政府购买的理论依据,如亚当·斯密提出公共设施一般由政府通过税收方式征集资金,并免费供给,但是也可以通过其他的方式来提供,并在一切可以以私人的方式提供公共产品的地方,应该由私人来供给,这样做往往比政府的直接供给有更高的效率。第二种观点侧重从新制度经济学和新公共管理等角度出发,如美国学者洛韦里认为,到20世纪90年代,公共选择已经取代进步主义成为新的理论正统,准市场模式取代传统模式,成为公共服务中的主导性制度安排。党秀云运用公私伙伴关系的相关理论分析了政府与非营利组织建立合作伙伴关系的理由与基础,认为合同承包、政府补助与凭单制等是政府与非营利组织合作的主要形式。③ 第三种观点侧重从新公共服务理论论述政府购买公共服务的必然性。张汝立、陈书洁通过梳理西方发达国家政府购买公共服务的发展历程,指出政府购买公共服务由众多营利机构开始与政府合作提供公共服务的探索起步阶段,到出现以竞争性的合同外包为主的多种服务购买方式,又进入综合运用计划和市场两种手段的反思完善三个阶段,其理论依据经历了"新公共管理"理论时期,到新公共服务、公民社会理念的共同作用时期,再到"第三条道路"理论时期。④ 郑苏晋认为政府购买公共服务是在公共财政、新公共管理、新公共服务等理论与实践的共同作用下,不断发展起来的一种利用市场手段有效提供公共产品的模式。⑤

---

① 王振海,王义.地方政府购买民间组织服务的现状与对策[J].天津行政学院学报,2011(5).

② 王春婷.政府购买公共服务研究综述[J].社会主义研究,2012(2).

③ 党秀云.公共治理的新策略——政府与第三部门的合作伙伴关系[J].中国行政管理,2007(10).

④ 张汝立,陈书洁.西方发达国家政府购买社会公共服务的经验与教训[J].中国行政管理,2010(11).

⑤ 郑苏晋.政府购买公共服务——以公益性非营利性政府组织为重要合作伙伴[J].中国行政管理,2009(6).

除了这三种观点之外,部分学者还指出服务型政府理论、治理理论或善治理论也是政府购买公共服务的理论基础。其中,服务型政府理论的题中之意在于要求政府行为以能够提供高效、高质的公共服务,满足人民群众日益增长的物质文化需求为目标。管理即是服务,政府的全部职能归根结底就是提供公共服务。以此为出发点,当政府直接供给公共服务的模式被实践和理论普遍证明无法实现这一目标时,公共服务供给模式的转型成为必然。治理理论则强调非政府组织、民营组织与公民在国家治理和公共服务供给中的作用,特别是在政府公共服务供给水平越来越难以适应公民日益增长的公共服务需求的情况下。即主张政府与社会相互合作,一起提供公共服务,具体而言,就是把公共服务的生产和供给分开,由社会和市场生产公共服务,政府通过向其购买来为公众提供服务。①

(三)政府购买公共服务的界定

1.政府购买公共服务的内涵

"政府购买公共服务",在西方国家与之相对应的概念有"公共服务社会化""公共服务民营化""公共服务市场化""公共服务合同外包",在我国香港地区与之相似的则称为社会福利服务资助或外判。这些概念或从运作机制——市场,或从公私关系——社会化、民营化,或从实施方式——合同外包等角度表达了与"政府购买公共服务"同质的含义。国内学界对政府购买公共服务的界定主要存在以下几种观点:(1)政府购买(公共)服务是指政府为履行政府服务社会公众的责任与职能,通过财政支付全部或部分费用,契约化"购买"营利、非营利组织或其他政府部门等各类社会服务机构的服务,满足公众公共服务需求的政务活动。"政府出资、定向购买、契约管理、评估兑现"是政府购买(公共)服务概念含义的集中概括。② (2)所谓"政府向社会组织购买公共服务"(purchase of service contracting),是指政府将原来直接提供的公共服务,通过直接拨款或公开招标方式,交给有资质的社会服务机构来完成,最后根据择定者或者中标者所提供的公共服务的数量和质量来支付服务费用。③ (3)政府与非营利组织或其他政府部门签订契约,由政府界定服务的种类及品

---

① 瞿振雄.中国政府购买公共服务研究[D].长沙:湖南师范大学,2010[2014-8-31].

② 郑卫东.农村社区政府购买公共服务研究[M].北京:中国社会科学出版社,2012:44.

③ 王浦劬,莱斯特·M.萨拉蒙,等.政府向社会组织购买公共服务研究——中国与全球经验分析[M].北京:北京大学出版社,2010:4.

质,向受托者支付费用以购买全部或部分公共服务。① (4)政府从社会福利预算中拿出经费,向各类提供社会公共服务的社会服务机构,直接拨款资助服务或公开招标购买服务。② (5)所谓公共服务购买就是把原来由政府直接提供的部分社会服务,通过合同出租、业务分担、共同生产或解除管制等方式转交给私营公司、非政府组织或者其他社会法人团体,由这些团体按照合同要求和"成本—效益"最优方式为公民提供公共服务。③ (6)政府将原来由其直接举办的、为社会发展和人民日常生活提供服务的事项,交给有资质的社会组织来完成,并根据社会组织提供服务的数量和质量,按照一定的标准进行评估后支付服务费用。④ 不难看出,尽管学理上对政府购买公共服务的界定缺乏统一性,但总的来说,在购买主体、承接主体、购买范围等方面,均包括了一些相似元素。⑤

2.政府购买公共服务的性质

关于政府购买公共服务的性质主要存在三种观点:(1)社会组织发展说,认为可移植或借鉴欧美国家公共管理经验,通过招标、委托或资助方式,由政府购买民间组织提供的服务,重在通过培育与促进社会组织的发展,提高社会管理和服务水平;(2)行政职能委托说,认为政府承担的公共服务职能或公益性服务,在人手缺乏、精力不济等情形下,符合法定要求且具备财力、物力的,可通过委托代理等方式,雇佣专门岗位或依托相关企事业单位、社区服务机构及社会组织提供服务与管理,重在提高公共管理水平并扩大就业,促进经济社会和谐发展;(3)传统政府采购延伸说,认为政府购买服务是政府购买服务项目的另一种称谓,需要遵循政府采购法律法规,在现行政府采购框架内,对纳入采购目录的服务项目采取竞标集中采购与项目合同管理,重在规范采购流程,减低采购成本,提高财政资金使用效率。⑥ 实际而言,社会组织发展说、行政职能委托说皆是从政府购买公共服务的某一角度出发揭示政府购买公共服

---

① 虞维华.政府购买公共服务对非营利组织的冲击分析[J].中共南京市委党校南京市行政学院学报,2006(4).

② 罗观翠,王军芳.政府购买服务的香港经验和内地发展探讨[J].学习与实践,2008(9).

③ 周正.发达国家的政府购买公共服务及其借鉴与启示[J].西部财会,2008(5).

④ 顾平安.推进政府公共服务的合同制管理[J].理论研究,2008(18).

⑤ 郑卫东.城市社区建设中的政府购买公共服务探讨——以上海市为例[J].广东行政学院学报,2011(1).

⑥ 马俊达,冯君懿.政府购买服务问题研究(上)[J].中国政府采购,2011(6).

务的性质；只有传统政府采购延伸说，或者更确切地说，政府购买公共服务是政府采购的一种表现形式，才全面地表明了其性质。值得注意的是，部分学者尤其关注政府购买公共服务与传统的政府采购服务（政府后勤服务）的关系，指出两者在采购当事人的多重性、服务供给的非营利性、采购方式的创新性以及采购监管的自律性等方面有着明显区别。①

（四）购买主体——政府角色定位

政府购买公共服务在改变政府垄断公共服务供给、建立新社会服务体系的同时，也实现了社会管理的创新。作为购买主体的政府在公共服务供给乃至社会管理中的角色也应发生相应的改变：政府不再是服务的直接提供者，应该引入市场化的管理模式，把自己重新塑造为管理者、组织者和购买者的新角色。② 政府行政应当由规制行政转向服务行政，由国家行政转向社会行政。③ 美国学者 E.S.萨瓦斯恰如其分地指出，"政府"这个词的词根来自希腊文，意思是"操舵"，政府的职责是掌舵而不是划桨。直接提供服务就是划桨，可政府并不擅长划桨。④ 登哈特夫妇则进一步提出"服务而非掌舵"，强调还权于社会，政府属于它的公民，重点不应当放在驾驶或划动政府这条船上，而应当放在构建具有完整性和回应性的公共机构上。⑤ 政府在由公共服务的直接提供者转变为管理者、监督者之后，还应当恰当地处理好其与承接主体之间的关系，尤其是为社会组织提供公共服务创造足够的政策空间，构建公平、公正、公开的公共服务购买环境，推动社会组织的发展与成熟。

（五）承接主体——社会组织发展

改革开放以来，伴随着思想解放、经济发展和社会开放，伴随着不断加速和深化的社会改革与转型，以各种形式的学会、研究会为主，社会组织的发展呈现出一种在自上而下体制的推动下形成的全社会结社的活跃局面。从1999 年开始，新增社会组织的数量大致以每年 30％的增长率递增至今。在国

---

① 马俊达,冯君懿.政府购买服务问题研究(上)[J].中国政府采购,2011(6).

② 杨君,徐永祥.新社会服务体系:经验反思与路径建构[J].学习与实践,2013(8).

③ 王凌燕.行政法视野下政府购买公共服务的思考[J].长春理工大学学报(社会科学版),2013(4).

④ E.S.萨瓦斯.民营化与公私部门的伙伴关系[M].周志忍等译.北京:中国人民大学出版社,2002.

⑤ 罗伯特·B.登哈特,珍妮特·V.登哈特.新公共服务:服务而非掌舵[M].丁煌译.北京:中国人民大学出版社,2004.

家政策由先发展到控制,再到引导变迁的过程中,政府越来越意识到社会组织已经成为协调经济社会发展,参与社会公共事务管理,有效提供公共服务的重要力量。

　　政府购买公共服务意味着政府角色的转变,也意味着政府与社会组织或社会力量关系的变化。在公共服务购买中,政府与社会组织的关系体现出了浓厚的合作主义色彩。① 顾丽梅指出在公共服务的提供中,政府与社会组织之间存在合作与支持、竞争与冲突、管理与监督的关系。② 张熠和陈蓓丽认为政府与非政府组织(以下简称NGO)在社会服务提供中的关系可归纳为四种类型:"一是对立的、互不信任的关系;二是NGO自行其是,不与政府发生关系;三是NGO对政府有依赖关系;四是二者为合作伙伴关系。"③吕纳、张佩国提出了不同的看法,他们认为政府购买服务并没能让政府从社会领域回撤,政府与社会组织在现阶段并没有形成如西方般的合作伙伴关系,而是政府占主导支配地位的非对称性依赖关系,国家对社会组织的控制或支持并非一种制度化关系,而是一种策略性选择,社会组织采取对国家的依赖与配合在先、拓展在后的策略也同样如此。④ 不管形成何种关系,以共同利益为基础的政府和非营利部门的合作已成为当前政府选择处理日益复杂的社会需求问题的路径,但不同的购买模式呈现着不同的关系,如图1所示。⑤ 独立关系竞争购买模式是指购买者与承接者之间是独立的关系,不存在资源、人事等方面的依赖关系,通常采用公开竞争的程序;独立关系非竞争购买模式是指公共服务的购买者与承接者之间是独立的关系,社会组织存在于政府购买公共服务之前,通常采用非竞争性方式,不面向社会公开招募,购买者通常选择由良好社会声誉的社会组织,以此减低购买风险;依赖关系非竞争性购买模式是指购买者与承接者之间是依赖性关系,购买程序是定向和非竞争性的。⑥ 就我国政府购买

---

① 岳经纶,谢菲.政府向社会组织购买社会服务研究[J].广东社会科学,2013(6).

② 顾丽梅.公共服务提供中的NGO及其与政府关系之研究[J].中国行政管理,2012(1).

③ 张熠,陈蓓丽.浅论政府与非政府组织在社会公共服务提供中的关系[J].社会工作,2008(10).

④ 吕纳,张佩国.公共服务购买中政社关系的策略性建构[J].社会科学家,2012(6).

⑤ 岳经纶,谢菲.政府向社会组织购买社会服务研究[J].广东社会科学,2013(6).

⑥ 王浦劬,莱斯特·M.萨拉蒙,等.政府向社会组织购买公共服务研究——中国与全球经验分析[M].北京:北京大学出版社,2010:19-23.

公共服务的当下实践来看,的确具有既购买服务又培养发展的双重表现。①
然而,从政府购买服务的发展趋势来看,从整体拨款转向了限制更加严格的合
同条款约束机制,从定向购买变为公开的招投标。随着社会组织的发展,当有
更多的专业组织能够承担同一项目的时候,政府购买服务必然走向竞争性购
买服务模式。②

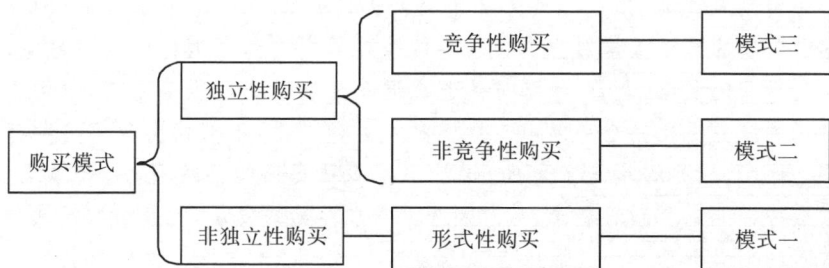

图1

(六)购买范围——公共服务的界定

公共服务与公共产品这两个概念经常纠结在一起,与之相应,学界关于公
共服务的界定也存在两种观点:(1)从产出形式的角度来定义公共服务。从产
出的不同形式来看,产出可分为产品和服务两种:产品的特征是有形的,生产
与消费在时间与空间上是可以分离的;而服务的特征是无形的,生产与消费在
时间上与空间上是一体化的。据此来定义,有些政府产出是有形的,如道路
等,此为公共产品,而另一些无形的产出,如教育、卫生等,则称之为公共服务。
(2)从公共产品理论来定义公共服务。萨缪尔森认为:公共产品是指这样一种
商品,将该商品的效用扩展于他人的成本为零,因而也无法排除他人共享。曼
昆将公共产品定义为既无排他性又无竞争性的产品,并给出国防、基础研究和
反贫困三种最重要的公共产品。以上定义都是针对物品的外部性来定义
的。③ 而"根据我国约定俗成的观念,在现实生活中,当谈到公共产品时,其中
就包含了公共服务;而谈到公共服务时,其中也包含了公共产品,公共产品与

①　胡薇.政府购买社会组织服务的理论逻辑与制度现实[J].经济社会体制比较,
2012(6).
②　胡薇.购买服务还是政府资助——政府向社会组织购买服务的实践含义[J].北京
科技大学学报(社会科学版),2013(4).
③　孙春霞.现代美国城市公共服务供给机制研究[D].武汉:华中师范大学,2007.

公共服务在本质上是没有差别的两个名词。因此,公共产品与公共服务是一致的概念,政府公共部门为公众所提供的公共产品的实质是指具有共同消费性质的服务,而不是'产品'本身。"①

就公共服务本身而言,理论上一般从两个角度入手:一是该项服务本身的公共性质,即是否具有非排他性、非竞争性以及外部经济性,由此,一般公共服务都是由政府提供;二是公共服务由公共部门提供而不是由私人部门提供。这两种角度的选择直接影响公共服务的外延界定。如根据传统经济理论,自然垄断行业的电信、电力、铁路与民航交通等都属于公共服务范畴,但由于这些领域的服务现在完全可以由市场或私人力量提供,不必然由政府公共部门提供,所以从服务的享受者角度,这就不是一种真正的公共服务。② 事实上,公共服务并非一个新近概念,随着新公共管理运动的发展,它是公共行政和政府改革的核心概念。公共服务与政府职能密切相关,公共行政和公共管理层面的公共服务是指为了满足社会公共需要,由公共部门或私营组织提供、供全社会所有公民共同消费、平等享受的产品与服务的总称。因此,公共服务概念的两个基本点:一是满足社会公共需要;二是公民平等享受。③

公共服务也是我国一系列政策文件中引用率很高的概念。2002 年中共十六大首次明确将公共服务列为政府的四大职能之一,其他三项是经济调节、市场监管、社会管理。2004 年 2 月 21 日,在中央党校省部级主要领导干部树立和落实科学发展观专题研究班结业式上的讲话中,温家宝总理明确提出了努力建设服务型政府的要求,指出公共服务就是提供公共产品和服务,包括加强城乡公共设施建设,发展社会就业、社会保障服务和教育、科技、文化、卫生、体育等公共事业,发布公共信息等,为社会公众生活和参与社会经济、政治、文化活动提供保障和创造条件。《中华人民共和国国民经济和社会发展第十一个五年规划纲要》界定了公共服务所包括的领域,即义务教育、公共卫生、社会保障、社会救助、促进就业、贫困、防灾减灾、公共安全、公共文化、基础科学与前沿技术以及社会公益性技术研究、国防等。由此,公共服务的范围并不局限于传统的科教文卫体五大领域,基础设施、社会就业、社会保障、公共信息等也

---

① 江明融.公共服务均等化问题研究[D].厦门:厦门大学,2007.

② 陈干全.公共服务民营化及其政府管理研究[M].合肥:安徽大学出版社,2008:17.

③ 唐建强.地方政府公共服务体制研究——以美国为例[J].辽宁行政学院学报,2009(2).

属于公共服务的范畴。《国民经济和社会发展第十二个五年规划纲要》则指出基本公共服务的重点范围是公共教育、医疗卫生、就业、社会保障、人口计生、公共文化、基础设施、环境保护。因此,在我国,所谓公共服务,是指政府运用公共权力和公共资源向公民提供的各项服务,包括科学、文化、教育、卫生等无形产品,也包括基础设施、道路交通等有形产品。[1] 此外,现有的关于公共服务的著作中,所建构的公共服务体系也不外乎包括教育公共服务、卫生公共服务、社会保障服务、科技公共服务、就业公共服务、公共文化服务、农村公共服务等七方面。[2]

然而,观诸政府购买公共服务的相关文献,往往将之与政府购买服务相混淆,显而易见的是,后者的范围应然大于前者。一般而言,政府购买服务可以区分为政府购买维持其自身运转所需的服务,即传统的政府采购服务,和政府购买公共服务。政府购买维持其自身运转所需的服务主要包括:(1)专家类服务,包括专家咨询类服务和研究类服务,如对城市区域开发、重大工程建设项目、社会经济发展战略等的决策咨询服务,对历史文化、学术研究等的研究类服务。(2)工程建设类服务,如工程建设招投标的代办服务、工程质量监理委托服务等。(3)公共安全类服务,如环保检测、技术监督检测、动植物检验检疫、疫病(如农林虫害)防控、食品安全检测、药品安全检测等。(4)后勤保障类服务,如政府机关的物业管理、食堂服务、公务用车、汽车维修、会议代办、公务考察、安全保卫等服务。(5)中介类服务,如政府投资工程项目的审计(审价)、统计调查、工作绩效评估、法律、会计中介服务、经济责任审计、国有资产评估、产权交易等服务。(6)政府服务外包,如政府信息化及其系统的建设、维保、第三方评测等服务。[3] 王浦劬归纳总结出中国政府向社会组织购买公共服务的主要内容集中在:(1)社区服务与管理类服务,如助老、助残、社会救助、职业介绍、技能培训等;(2)行业性服务,主要包括行业调查、统计分析、资质认定、项目评估等;(3)行政事务与管理类服务,如社会组织特定咨询、婚介机构

---

[1]　王浦劬,莱斯特·M.萨拉蒙,等.政府向社会组织购买公共服务研究——中国与全球经验分析[M].北京:北京大学出版社,2010:4.

[2]　李军鹏.公共服务学——政府公共服务的理论与实践[M].北京:国家行政学院出版社,2007:5.

[3]　杭州市财政局课题组.关于政府购买服务问题的思考[J].经济研究参考,2010(44).

11

的监管、家庭收养的评估、民办学校的委托管理、市政管理等。① 国内学界对具体公共服务购买的研究主要集中于卫生服务、社会工作服务、养老服务、就业服务等领域。②

（七）购买方式

目前，西方国家购买公共服务的主要模式有四种:(1)合同出租,即政府决定某种公共服务的数量和质量标准,将公共服务转包出去,由私营部门或非营利部门与政府签订提供公共服务的供给合同,而政府则用财政资金购买承包商生产的公共服务,并依据合同对承包商的活动进行监督和管理。(2)公私合作,其是一种特殊形式的合同出租,但政府不需要购买私营部门提供的服务,而是以政府特许或其他形式吸引中标的私营部门参与提供某项公共服务,并允许承包商有投资收益权。(3)使用者部分付费,即要求服务消费者在使用政府提供的公共服务时,必须向政府支付部分成本费用。按照"谁享用,谁付费"的原则,对公共服务收取适当的使用付费,其目的在于通过付费把价格机制引入到公共服务中来。(4)补贴制度,即政府对于需要鼓励的收费公共服务进行补贴。补贴通常以补助和凭单两种方式实施。(5)加大对社会组织的投入。③

我国政府向社会力量购买公共服务的方式主要有三种:(1)直接资助,即政府对于承担公共服务职能的民办机构和组织给予一定资助,既有经费资助,也有实物资助,还有优惠政策扶持。(2)合同制,即由购买者与社会组织签订服务合同,根据合同约定购买者向社会组织支付一定费用,由社会组织承担特定公共服务项目。(3)项目申请制,即购买者设计特定目标的专项项目,面向社会公共招标,由承接者根据项目要求提供服务;或者由社会组织根据需求,主动向政府有关部门提出要求申请立项,经过评审后,以项目方式予以资金支持。④

---

① 王浦劬,莱斯特·M.萨拉蒙,等.政府向社会组织购买公共服务研究——中国与全球经验分析[M].北京:北京大学出版社,2010:11.

② 温俊萍.政府购买公共就业服务机制研究[J].中国行政管理,2010(10).刘军民.关于政府购买卫生服务改革的评析[J].华中师范大学学报(人文社会科学版),2008(1).章晓懿.政府购买养老服务模式研究:基于与民间组织合作的视角[J].中国行政管理,2012(12).

③ 安徽省财政厅社保处.政府购买基本公共服务财政政策研究[J].社团管理研究,2011(9).

④ 王浦劬,莱斯特·M.萨拉蒙,等.政府向社会组织购买公共服务研究——中国与全球经验分析[M].北京:北京大学出版社,2010:17-19.

(八)政府购买公共服务的问题与对策

菲利普·库珀认为,政府购买公共服务绝对不是一项单纯的交易行为,竞争、效率并不是对其衡量的唯一标准,回应性、经济性、有效性、责任、平等等都是管制政府购买公共合同的重要标准。[①] 公共服务供给由政府垄断转向政府购买,强调政府与社会组织之间的合作关系,虽然在很大程度上缓解了福利危机,保证了公共服务供给的质量,但其所存在的部分问题也日益呈现。我国政府购买公共服务实践在探索中曲折但迅速前行,由于制度建构并不完善,影响政府购买制度健康发展的因素也逐渐显露。

我国政府购买公共服务虽然发展迅速,但却一直处于主要由政策推动,缺乏具体法律规制的状态。学界普遍认为我国政府购买公共服务主要存在以下问题:(1)在公共服务购买范围上,虽然近年来逐渐由大城市向中小城市扩张,但规模仍然不大,无法满足公众需求;(2)在制度上,缺乏相应的法律保障,购买程序以及监管评估等配套制度不健全,各地之间在政府购买公共服务实践上差异很大;(3)在政府与民间组织关系上,一方面政府缺乏正确态度,双方无法建立平等合作关系,政府主导性强烈,社会组织公共服务供给能力受限;另一方面社会组织发育并不健全,还须大力培育;[②](4)政府各部门之间的协调不够完善。针对我国政府购买公共服务中存在的上述问题,学界多认为应当健全法律制度,尤其修改《政府采购法》,细化政府采购服务的相关规定,规范政府购买公共服务的运作;促进政府职能的转变,特别是政府应当转变态度,构建和谐的政府与社会组织合作关系;完善社会组织类法律法规,规范并促进社会组织成长。[③]

总的来说,经过二十余年的研究和发展,我国政府购买公共服务的理论与实践轮廓已经逐步成型,从目前查找到的相关文献来看,政府购买公共服务的研究呈现出如下特点:文献资料繁多,但多集中于实证、案例分析,理论研讨,尤其是切合中国国情的理论研讨不足;多集中于公共管理、社会学等领域,法律面向的研究不足;多集中于基本理论框架分析,缺乏对配套制度如评估、监管以及相关问题如购买服务类型、社会组织资质认定、问责制度、政府合同管

---

① 转引自郑卫东.城市社区建设中的政府购买公共服务探讨——以上海市为例[J].广东行政学院学报,2011(1).

② 瞿振雄.中国政府购买公共服务研究[D].长沙:湖南师范大学,2010.苏明,贾西津,孙洁,韩俊魁.中国政府购买公共服务研究[J].财政研究,2010(1).

③ 齐海丽.我国政府购买公共服务的研究综述[J].四川行政学院学报,2012(1).

理能力的横向及纵深考量。针对当前政府购买公共服务呈现的各种问题，相关对策集中于健全法律规制，探讨政府购买公共服务立法的必要性不言自明。

三、研究思路与方法

"研究方法是开启问题城堡之门的宝贵钥匙。只有采用正确有效的研究方法，才可能取得比较令人满意的研究成果"。[①] 政府购买公共服务跨越法学、社会学、行政学、经济学等领域，本书以立法研究为核心，主要从法学视角切入，同时兼顾其他视角。本书主要运用历史分析方法、比较分析方法、理论分析方法、规范分析方法、个案分析方法，并尝试通过成本效益分析法，促进研究结果的合理性、科学性、可接受性。主要方法如下：

1. 历史分析方法。政府购买公共服务在我国已有近二十年的实践历史，部分国家和地区也已经有比较成熟的立法。在比较观察的基础上，本书追溯了国内及国际上政府购买公共服务的产生与发展历史，探讨兴起与发展的具体原因，为比较与借鉴奠定了分析基础。

2. 比较分析方法。本书系统梳理了国内政府购买公共服务立法的现状及问题，并从立法背景、具体规定及实施效果等方面，与域外政府购买公共服务的实践情况作比较，挖掘制度生成的土壤，探析立法之间的共性与差异，明确政府购买公共服务制度的基本要素。

3. 理论分析方法。政府购买公共服务产生于政府职能转变、公共服务供给改革以及社会组织发展的综合语境之下，其立法研究应当以广泛的理论背景为指导，才能描摹出恰当的立法路径。本书系统介绍了新公共管理理论、新公共服务理论、治理理论、公共选择理论以及服务型政府理论对于政府购买公共服务变迁的作用。以此为前提，通过对相关的立法基础及制度设计的概括式理论推演，贯彻相关法律原理，本书力图使制度设计达到理论上的周延。

4. 规范分析方法。政府购买公共服务立法必然面对的问题是，如何协调与已有立法的关系，尤其是政府购买公共服务与政府采购立法之间的关系。本书较为全面地梳理并分析了国内已有的政府购买公共服务立法，明确了两者之间的关系，为后续立法路径的设计奠定了规范基础。

5. 个案分析方法。政府购买公共服务立法研究应当立足现实情况。纵观

[①] 尹建国.行政法中的不确定法律概念研究[M].北京：中国社会科学出版社，2012：17.

政府购买公共服务相关研究,个案分析,尤其是对上海、宁波、广州等较早实施公共服务购买且相对较为成熟的研究,不胜枚举。一方面,本书力图穷尽图书馆及网络资源,勾勒出以上海为地区代表、以政府购买居家养老服务为实例代表的政府购买公共服务现状。另一方面,本书以公共服务购买正处于积极发展期的 XM 市为例证,综合运用问卷、座谈、访谈等实证研究方式,描绘政府购买公共服务的发展样态。两相比较,最终从立法时机的角度切入,总结并探讨立法的必要性与可行性。

6. 成本—效益分析方法。成本—效益分析是域外立法项目评估的重要手段,也已经进入国内的立法评估理论之中。本书将尝试运用域外与国内立法评估理论中的立法项目成本—效益分析方法,立足政府购买公共服务的运作情况,初步构建出政府购买公共服务立法成本—效益分析的一般性框架,最终从质与量的角度,综合评价政府购买公共服务的立法时机与路径问题。

总体而言,本书的主要研究思路与研究方法,如图 2 所示:

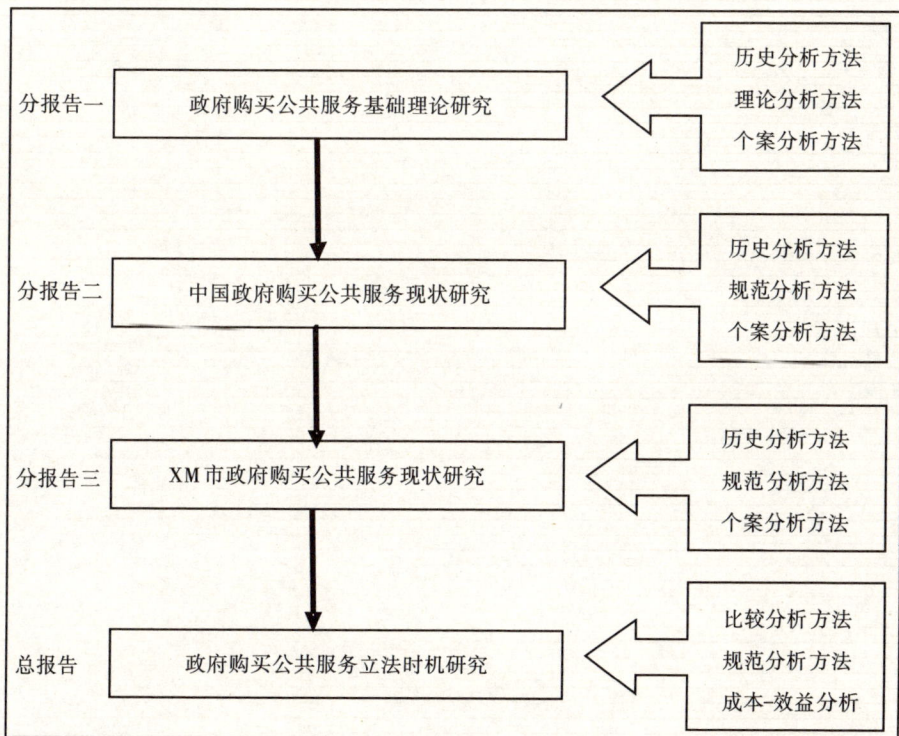

分报告一	政府购买公共服务基础理论研究	历史分析方法 理论分析方法 个案分析方法
分报告二	中国政府购买公共服务现状研究	历史分析方法 规范分析方法 个案分析方法
分报告三	XM 市政府购买公共服务现状研究	历史分析方法 规范分析方法 个案分析方法
总报告	政府购买公共服务立法时机研究	比较分析方法 规范分析方法 成本-效益分析

图 2

目 录

第一章 总报告:政府购买公共服务立法研究

服务型政府之建设必然要求政府提供及时、高效、高质的公共服务,满足人民群众日益增长的物质文化需要。自改革开放以来,伴随着社会经济政治的迅速发展,纯粹由政府直接提供公共服务的供给模式渐渐无法满足人民日益多元化的服务需求。政府自身的科层官僚体制决定了其事实上难以满足不断飙升的公共服务需求,政治领域理性经济人的存在也意味着政府垄断公共服务供给导致权力寻租的风险很大。转向政府之外,探索公共服务供给的新模式成为现代社会公共服务供给的必然选择。20 世纪 90 年代末以来,我国部分地方立足实际,积极开展政府购买公共服务的探索。历经二十余年的发展,政府购买公共服务已经成为理论、政策以及实践中普遍认可的公共服务供给方式。然而,与政府购买公共服务这种发展趋势相伴随的是,诸如运作不规范、制度无保障、资金匮乏等方面的弊病日益凸现。解决诸般问题的方案纷纷指向建立并健全政府购买公共服务的法律规范体系。本研究正是从法学角度切入,立足于对政府购买公共服务的理论与实践分析,冀望为解决政府购买公共服务的立法问题提供可能的答案。

"政府购买公共服务立法研究"实质在于对政府购买公共服务作立法前评估分析,明确其必要性与可行性,以为立法与不立法、如何立法提供指导。早在 2008 年的全国人民代表大会上,就有代表提出应该借鉴国外发达国家的经验,在立法前对法律法规进行评估。自 2010 年中国特色社会主义法律体系初步形成以来,我国法制建设亦从过去的数量型发展转入质量型发展的轨道,质量成为衡量立法工作的主要标准。实践中,天津、山东、海南等地早已展开广泛的立法前评估活动,各地在立法中普遍采用的立法项目立项论证、立法调研、立法听证、立法草案说明等方式,实际上也属于立法前评估。"所谓立法前评估,指在启动立法程序前,对立法项目的立法必要性、可行性和法规中主要制度的科学性、可操作性,以及法规实施的预期效果、社会影响等进行分析、评价,使立法机关可以据此作出更为科学合理的立法决策,力求从源头上排除影响立法质量的不利因素。相较于立法中和立法后的评估,立法前评估重点解决对某一事项是否需要立法、何时立法及如何立法等源头问题,对于增强立法的科学性、民主性具有重要意义。"①不过遗憾的是,当前我国尚未形成比较成熟的立法前评估制度。在此背景下,本研究对政府购买公共服务立法前的评估,也只是在并不成熟的研究理论与实践的基础上,摸索前行。

第一节　立法前评估的参考指标

俞荣根教授在《地方立法质量评价指标体系研究》②一书中,对立法前评估问题作了极为详尽的论述分析。据其论述,立法前评估在许多法治发达的国家被称为"影响性评估""影响性评估报告",旨在确定某一立法项目是否可以进入立法程序,即解决该法当不当立、何时立以及立成什么样的问题。早在1995年,经济合作与发展组织的《提高政府规制质量建议书》就已提出评价立法规范优劣的八项标准:(1)为明确而清晰的政治目标服务,并且有效实现了这些目标;(2)具备法律和经验基础;(3)根据成本产生效益,考虑分配的社会效果,同时经济、环境等都应该被考虑在内;(4)实现成本和社会动荡的最小化;(5)通过市场激励和全球途径推动创新;(6)清晰、简单、实用;(7)与其他法规和政策保持一致;(8)保持国内和国际的贸易以及投资既协调共存又具有竞争的状态。简言之,对立法规范的评估主要从必要性证成、与现有法律体系衔接情况以及立法后可以预见的影响三方面入手。

基于多年的立法评估研究及实践经验,俞荣根教授进一步以立法的必要性与可行性、立法的合法性、立法的影响性、成本—效益分析为核心,提出了两种地方立法前评估方案。第一种方案着重量化评价,在定量分析的基础上进行定性分析,且建议设置"一票否决"指标。③ 第二种方案着重对立法影响因子的研究分析,最终提供翔实的影响性评估分析报告,主要包括"立法的合法

---

① 王锡明.立法前评估是提高立法质量的有效举措[N].人民日报,2013-06-08(A3).

② 俞荣根.地方立法质量评价指标体系研究[M].北京:法律出版社,2013.

③ 关于第一种方案的指标体系,参见俞荣根.地方立法前质量评价指标体系研究[J].法治研究,2013(5)."一票否决",即某一两项一级指标对该立法项目的当立不当立具有决定性的意义。如果在"一票否决"指标上所得分值在其应得分值的50%以下,该项地方性法规的立项申请很难说是达到合格标准的。

性"评估报告、"立法的必要性与可行性"评估报告、"立法成本与立法效益分析"评估报告三部分,其主要内容可以归结为以下7个方面:(1)该立法项目是否有利于继续扩大改革开放,健全市场经济秩序;(2)该立法项目是否有利于促进经济良性发展、推动创新和改善环境;(3)该立法项目是否能获得合理的成本与效益比例;(4)该立法项目是否会产生公权力过度干预私权倾向,是否有利于保护公民权利、保持社会安定和稳定,能否带来正面的社会效果;(5)该立法项目能否与上位法的原则和条款保持一致,是否追求新设行政许可,是否符合《行政许可法》《行政处罚法》《行政强制法》的相关规定,与本地区其他法规和政策能否相协调;(6)该立法项目中涉及的政府管理部门之间的职责是否理清,权力与责任的匹配是否相对应;(7)该立法项目是否遵循开门立法、民主立法的原则和程序,是否有公民和社会各界人士的广泛参与,并吸取了他们的合理立法诉求。

　　本研究主要以 XM 市政府购买公共服务的实施情况为参考实例,探讨政府购买公共服务的立法时机及立法路径问题。考虑到地方立法前质量评价指标体系与全国立法前质量指标体系的对接程度问题,以及量化指标体系下对专业性的要求,最终选择以俞荣根教授提出的第二种方案为讨论框架,结合近段时间来对政府购买公共服务的集中考察,尝试评估我国政府购买公共服务的立法时机,并据此提出相应的立法路径。就第二种方案而言,四项指标关系密切,立法的合法性与效益性分析是立法的必要性与可行性分析的前提,立法的必要性与可行性直接决定了立法时机问题,因为如果立法不具有合法性与效益性,也就没有必要去探讨必要性与可行性问题。与当前理论上关于立法时机的单薄研究不同,本书将立法时机的探讨置于整个立法前评估视野中。由此,总报告"政府购买公共服务立法研究"主要包括四部分:第一部分着重分析现行法律及政策体系下,政府购买公共服务立法的合法性问题;第二部分以 XM 市为对象,综合定量与定性分析,尝试讨论政府购买公共服务立法的成本与效益;第三部分和第四部分主要基于当前政府购买公共服务的实施情况,探讨立法的必要性与可行性;最后,结合前述分析,提出针对政府购买公共服务的相关立法建议。

第二节　立法的合法性分析

　　"政府购买公共服务立法研究"关注是否应当在中央层面立法的问题。合法性评估主要从政府购买公共服务立法与国务院职能之间的关系入手,将政府购买公共服务立法置于以宪法为根本法的整个法律体系,尤其是行政法律体系中讨论。政府购买公共服务立法显然属于宪法规定的国务院及各级地方政府的行政管理职权的范畴,在此不多赘述。本部分重点探讨政府购买公共服务与《政府采购法》、其他行政法律规范的关系。

根据《指导意见》的规定,政府购买公共服务大致可以界定为:通过发挥市场机制作用,把政府直接向社会公众提供的一部分公共服务事项,按照一定的方式和程序,交由具备条件的社会力量承担,并由政府根据服务数量和质量向其支付费用。换言之,政府职能部分向外转移,政府由公共服务的直接提供者变为"掌舵者",通过引导、监督、管理等方式,充分利用社会力量,发挥市场机制的作用,完善公共服务供给体系,优化公共资源配置,以更好地满足公民日益增长的物质文化需求。一方面,社会力量广泛参与到公共服务的供给中,政府与社会的关系由分离或干涉转向合作;另一方面,居于社会中的公民能够获得更专业、更符合需要的公共服务,近年来,政府与公民之间日趋紧张的关系也能得到缓和,从而形成一种基于良性互动的公共服务供给体系。如图 1-1 所示:

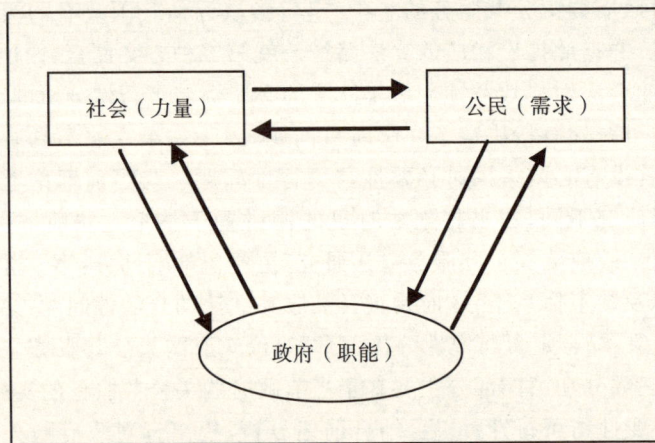

图 1-1　公共服务供给体系

根据我国宪法及相关法律法规的规定,国务院以及各级地方政府是发展社会主义市场经济、建设符合人民需求的公共服务供给体系的主要力量之一。公民公共服务需求的满足、基本权利的保障,一定程度上依赖政府主导形成的健全的公共服务体系。政府履行公共服务供给职能主要体现在两个方面:首先,为规范公共服务的供给,实现供需对接,政府应当规范化并制度化公共服务供给体系,即依据宪法和法律,制定较为完善的公共服务供给行政规范;其次,依法行政,严格按照法律法规等的规定,履行公共服务供给职能。作为一种新兴的公共服务供给方式,政府购买公共服务的重点是在公共服务领域引入市场机制,必然涉及各方利益的平衡问题。为了有效实施并推进政府购买公共服务,政府部门显然有权力且有必要从法律角度,规范政府购买公共服务的运作。

一、政府购买公共服务立法与《政府采购法》的关系

政府购买公共服务立法必须首先明确政府购买公共服务在现行法律体系中的位置。揆诸关于政府购买公共服务的现行规范,不难发现,政府购买公共服务与政府采购的关系是政府购买公共服务立法必须逾越的一道坎。尽管现行规范性文件多明确提及《中华人民共和国政府采购法》(以下简称《政府采购法》)在政府购买公共服务中的适用,但政府购买公共服务与政府采购的关系并不明朗,实践中法律适用不一,理论上两派分立,分歧的焦点主要集中于政府购买公共服务是否属于政府采购。一种观点认为政府购买公共服务是政府采购的一种表现形式。[①] 对立观点强调现行《政府采购法》无法完全适用于政府购买公共服务,且《政府采购法》未明确规定政府购买公共服务,因此,政府购买公共服务不属于政府采购。[②] 从国内规范及试点情况看,参考域外立法例,政府购买公共服务显然属于政府采购。

(一)政府购买公共服务与政府采购术语同源

政府购买公共服务源于美国在 20 世纪 60 年代末 70 年代初的社会福利制度改革,并迅速波及其他西方发达国家。[③] 当时,西方发达国家普遍难负担以"从摇篮到坟墓"的社会保障制度为主要特征的福利国家运作模式,政府失灵,民怨载道。自 80 年代开始,受新公共管理运动的影响,越来越多的国家纷纷着手改革和调整高福利的社会保障体系,通过引入市场机制,利用社会力

---

① 王丛虎.政府购买公共服务与行政法规制[J].中国行政管理,2013(9).王方达,方宁.我国政府向社会力量购买服务问题研究[J].中国行政管理,2014(9).肖北庚.走向政府采购主导的政府购买公共服务模式[J].中国政府采购,2014(4).

② 常江.美国政府购买服务制度及其启示[J].政治与法律,2014(1).周俊.政府购买公共服务的风险及其防范[J].中国行政管理,2010(6).

③ 朱眉华.政府购买服务——一项社会福利制度的创新[J].社会工作,2004(8).

量,实现了由"划桨者"向"掌舵者"的政府角色转变,在一定程度上缓和了国家与社会、政府与公民之间的紧张关系。我国的政府购买公共服务兴起于20世纪90年代末,既吸收了国外经验,也逐渐具有了本土特色。无论是国内,还是域外,政府购买公共服务的典型特征均在于政府通过与社会力量建立合同关系,由社会力量提供公共服务,政府支付相应费用,以满足人民的公共服务需求。① 也就是说,政府购买是一种以合同方式有偿获取公共服务、供给公民的行为或活动。以此为基点,不同地区虽然对这种公共服务供给模式冠以不同的概念,但异曲同工。我国称之为"政府购买公共服务",在其他地区可能被称为公共服务外包、公共服务民营化、公共服务市场化、公共服务社会化、公共服务合同授予、外判等。②

在许多国家,政府购买公共服务往往被规定于政府采购法律中,属于政府采购的一种形式;③在国内,由于"我们对政府采购的理解和应用还存在比较大的局限性"④,诚如前文所述,政府购买公共服务与政府采购的关系颇受争议。然而,综合《指导意见》以及各地规范性文件的内容,政府购买公共服务系指政府将由其直接提供的且适于市场化的公共服务,以合同方式交由具备资质的社会力量承担,并按照服务数量和质量支付费用的公共服务供给方式;⑤根据《政府采购法》第2条、第2章、第5章的相关规定,政府采购是指采购人

---

① 贾西津,苏明,等.中国政府购买公共服务研究终期报告[R].2009-06.

② 如欧盟采用的是"公共服务合同授予"(award of public service contracts),香港地区称为"外判"等。

③ 周俊.政府购买公共服务的风险及其防范[J].中国行政管理,2010(6).骆路金.经济法视野下政府购买公共服务探析[J].研究生法学,2013(1).又如美国《联邦采购条例》对服务采购作明确规定,"服务"主要包括:(1)对货物、系统或设备的维护、修缮、恢复等;(2)对不动产的定期维护;(3)家政和基础服务;(4)咨询和援助服务;(5)政府自有设备、不动产和系统的运作;(6)通信服务;(7)建筑工程;(8)交通及相关服务;(9)研究和发展服务。目前,社会组织所提供的公共服务主要包括以下类型:儿童日托、养老服务、卫生保健、私人教育、对吸毒/酗酒/赌博成瘾人群的帮助、对残疾人的帮助、咨询服务、对移民和社会边缘人群的服务、减贫等。王浦劬,莱斯特·M. 萨拉蒙,等.政府向社会组织购买公共服务研究——中国与全球经验分析[M].北京:北京大学出版社,2010:292.

④ 刘慧."政府购买"是否是政府采购[J].中国招标,2006(54).

⑤ 《指导意见》对政府购买公共服务的界定仅指出要"以一定的方式和程序",但从其后续论述,并参考各省市的规范性文件来看,普遍强调合同管理,这里的"一定的方式"指的就是合同方式。

通过与符合条件的供应商建立合同关系,使用财政性资金采购依法制定的集中采购目录以内的或者采购限额标准以上的货物、工程和服务的行为。由此,因为政府购买系以合同方式有偿获取公共服务,突出合同方式的运用;政府采购是以合同方式有偿获取货物、工程或服务,也突出合同方式的运用,所以政府购买实际上就是政府采购。而且,"从一般意义上来说,采购就是人们常说的购买,购买行为与销售行为共同构成市场经济的最基本要素——交易行为"①,政府购买公共服务就是政府采购公共服务或公共服务采购。

国内学者多将"政府购买公共服务"翻译或等同于"Purchase of service contracting"(POSC)。② 与"采购"相对应的英文名称通常为"procurement/ procure",从语义分析的角度出发,其与"purchase"一词在内涵上并无实质区别——"procurement"系指"(为机构)采购、购买","purchase"则指"购买、采购",常用术语如"procurement officer"就是"purchasing officer"。③ 当然,美国《联邦采购条例》使用的是"acquisition"一词,其与"purchase"、"procurement"的共同之处在于,货物、工程或服务等系从他处获得,而非由政府直接提供,这正是政府采购或政府购买公共服务的最明显特征。④ 此外,亚洲开发银行 2009 年发布的《中国政府购买公共服务终期报告》将"政府购买公共服务"直接译为"government procurement of public services",并指出这是一种政府通过与非营利组织或其他组织建立合同关系,购买(purchase)公共服务的模式,实际上也是将"purchase"与"procurement"等同。

从一般意义上讲,政府购买公共服务就是政府采购公共服务或公共服务采购,而公共服务采购也可称之为公共服务购买。或可追问的是,《政府采购法》已明确规定"购头"是采购合同的一种类型,⑤而且政府购买公共服务这一术语的运用虽未充分考虑到既有术语,不够严谨,但已成惯例,直接作前述等

① 姚文胜.政府采购法律制度研究[M].北京:法律出版社,2009:7.
② 王浦劬,莱斯特·M. 萨拉蒙,等.政府向社会组织购买公共服务研究——中国与全球经验分析[M].北京:北京大学出版社,2010:3.
③ 《牛津英汉双解商务英语词典》(新版)[Z].北京:华夏出版社,2011:655,674.
④ 王浦劬等对"购买"的界定正是由此入手,即政府购买公共服务是一种市场机制,系"政府将一些公共服务事项委托给有资质的机构去做,并为此而支付费用"。王浦劬,莱斯特·M. 萨拉蒙,等.政府向社会组织购买公共服务研究——中国与全球经验分析[M].北京:北京大学出版社,2010:6-7.
⑤ 这显然存在术语运用上的不精确性,详见下文分析。

同,是否会导致概念混淆?这种担心显然多余。我国一些地方的政府购买公共服务实践表明,政府购买正是在政府采购的意义上展开的。

(二)政府购买公共服务与政府采购法律关系同构

政府购买公共服务法律关系表现为购买主体与承接主体之间以公共服务为标的的合同关系,政府采购法律关系则表现为采购人与供应商之间以货物、工程和服务为标的的合同关系,两种法律关系同构。结合《指导意见》与《政府采购法》的具体内容,这种同构性具体表现在购买主体(采购人)、购买范围(采购范围)、承接主体(供应商)、实施方式等四个方面,如表 1-1 所示:

表 1-1　政府购买公共服务与政府采购法律关系同构

	政府购买公共服务	政府采购
购买主体 (采购人)	各级行政机关和参照公务员法管理、具有行政管理职能的事业单位,以及纳入行政编制管理且经费由财政负担的群团组织	各级国家机关、事业单位和团体组织
购买范围 (采购范围)	公共服务	货物、工程和服务,其中"服务"是指除货物和工程以外的其他政府采购对象
承接主体 (供应商)	依法在民政部门登记成立或经国务院批准免予登记的社会组织,以及依法在工商管理或行业主管部门登记成立的企业、机构等社会力量	向采购人提供货物、工程或者服务的法人、其他组织或者自然人
实施方式	合同方式:"可以通过委托、承包、采购等方式交给社会力量承担。"	合同方式:包括购买、租赁、委托、雇用等

1.购买主体(采购人)

就购买主体(采购人)的范围而言,政府采购的采购人范围显然囊括了政府购买公共服务的主体范围。《指导意见》充分考虑到与事业单位分类改革的衔接,对能够实施政府购买公共服务的事业单位作了限定,即参照公务员法管理的事业单位、具有行政管理职能的事业单位可作为购买主体。同时,鉴于妇联、工会、团委等群团组织一直纳入行政编制并按照公务员法管理,经费也由国家财政负担,《指导意见》还规定,纳入行政编制管理且经费由财政负担的群团组织可以根据实际需要,采用购买方式提供公共服务。这些都突出强调购买主体须为财政资金使用者,与《政府采购法》的规定一脉相承。政府购买公共服务,与政府采购一样,都是公共财政的一个重要组成部分,旨在优化财政资金配置,提高财政资金的使用收益。①

2.购买范围(采购范围)

毋庸置疑,"公共服务"属于"服务",服务类采购当然包括公共服务采购。然而,由于2000年的《政府采购品目分类目录》仅列举了政府履职所需要的后勤服务,并未列举公共服务品目,此后的《中华人民共和国政府采购法实施条例(征求意见稿)》虽明确列举了一些"服务"——包括各类专业服务、信息网络开发服务、金融保险服务、运输服务,以及维修与维护服务等,但亦未明确囊括公共服务,部分学者据此提出质疑,认为政府购买公共服务并非政府采购。②这种质疑属一叶障目之举,忽视了《政府采购法》的原意以及政府采购范围的变迁。首先,2000年的《政府采购品目分类目录》对服务类的规定系以列举结合兜底(即"其他服务")的形式作出,"其他服务"可以包含公共服务。其次,《关于〈中华人民共和国政府采购法(草案)〉的说明》明确指出,"由于我国实行政府采购的时间不太长,政府采购的范围应当根据采购对象的实际情况区别对待,宜由少到多,逐步扩大"。当政府购买公共服务已经成为政府履行公共服务职能的普遍手段后,必然需要扩大采购范围。《政府采购品目分类目录》自2009年以来的不断修订充分体现了这一点,以2013年修订后的《政府采购品目分类目录》为例,服务类不仅包括政府履职所需的后勤服务,也包括部分公共服务,如教育服务(C18)、医疗卫生和社会服务(C19)、文化、体育、娱乐服务(C20)等。此外,就《中华人民共和国政府采购法实施条例(征求意见稿)》来看,"各类专业服务"以及"等"字,仍然为公共服务留有空间。

3.承接主体(供应商)

就承接主体(供应商)而言,政府购买公共服务的承接主体范围完全囊括在政府采购的供应商范围中。除了明确承接主体(供应商)的外延外,《指导意见》与《政府采购法》第22条都对供应商的资质要求作出明确规定。

《指导意见》:

承接政府购买服务的主体应具有独立承担民事责任的能力,具备提供服

---

① 于安.我国政府采购法的合同问题[J].法学,2002(3).
② 常江.美国政府购买服务制度及其启示[J].政治与法律,2014(1).

务所必需的设施、人员和专业技术的能力,具有健全的内部治理结构、财务会计和资产管理制度,具有良好的社会和商业信誉,具有依法缴纳税收和社会保险的良好记录,并符合登记管理部门依法认定的其他条件。承接主体的具体条件由购买主体会同财政部门根据购买服务项目的性质和质量要求确定。

《政府采购法》第22条:

供应商参加政府采购活动应当具备下列条件:

具有独立承担民事责任的能力;

具有良好的商业信誉和健全的财务会计制度;

具有履行合同所必需的设备和专业技术能力;

有依法缴纳税收和社会保障资金的良好记录;

参加政府采购活动前三年内,在经营活动中没有重大违法记录;

法律、行政法规规定的其他条件。

采购人可以根据采购项目的特殊要求,规定供应商的特定条件,但不得以不合理的条件对供应商实行差别待遇或者歧视待遇。

由此可见,《指导意见》对承接主体的资质要求与第22条基本契合,细微差别在于由"具有良好的商业信誉"转变为"具有良好的社会和商业信誉",以及关于"具有健全的内部治理结构、资产管理制度"的要求。实际上,这系针对公共服务购买项目的特殊性作出的特别要求,与第22条第2款契合。因为公共服务直接面向公民,公共服务供给的有效性部分取决于提供者与接受者之间的信任与互动,良好的社会信誉有助于提升接受者对提供公共服务的社会力量的信任,健全的内部治理结构和资产管理制度有利于促进公共服务购买项目的成功。

4.实施方式

如上表所示,无论是政府购买公共服务,还是政府采购,都采用合同方式。合同方式是公共服务或服务得以通过市场方式提供的桥梁,也是规范政府与社会力量在政府购买或采购过程中的权利义务关系的主要手段。问题在于,《指导意见》明确列举的合同方式包括委托、承包、采购,即将"采购"与"委托"、"承包"并置,作为具体的购买类型;而《政府采购法》第2条第4款将"采购"界定为以合同方式有偿取得货物、工程和服务的行为,并以开放式列举的形式指出,采购包括购买、委托、雇佣、租赁等方式。表面上,两者在具体的合同方式上是交叉关系,但这仍不能否认政府购买公共服务属于政府采购。

首先,结合前文论述,从术语使用的准确性出发,《政府采购法》所规定的"购买"显然不能等同于作为新兴公共服务供给模式而经常被提及的政府购买公共服务之"购买"。就"购买、委托、雇佣、租赁"都是采购合同的具体类型而言,结合《合同法》的相关规定,①《政府采购法》中的"购买"合同实际上指的是"买卖"合同。政府购买公共服务之"购买"则旨在强调公共服务由社会力量而非政府直接提供,强调利用市场机制、采用合同方式,实际上与"采购"内涵相同。其次,从行政合法性原则以及法律体系的一致性角度来看,《政府采购法》系由全国人民代表大会常务委员会制定的法律,《指导意见》系国务院办公厅发布的一般规范性文件。据此,对《指导意见》的解释应当以《政府采购法》的规定为前提,在《政府采购法》已经明确"采购"的内涵,且如前述,政府购买公共服务就是政府采购公共服务后,《指导意见》所指的"采购"宜解释为"委托""承包"之外的采购方式。当然,之所以出现这种情况,原因主要在于政府购买公共服务尚处于探索阶段,《指导意见》意在鼓励、支持和指导地方政府购买公共服务工作的展开,而非具体界定或明确政府购买公共服务的方方面面。②

此外,需要提及的是,有学者根据当前我国政府购买公共服务的实施情况,概括出合同制、直接资助制和项目申请制三种不同的实施方式。③ 这种区分方式实际上采用了不同的类型化标准:直接资助制系从服务费用的支付方式出发作出的界定,资助作为社会力量提供公共服务的对价;④项目申请制系从政府购买公共服务的运作程序出发作出的界定。它们本质上都是政府通过

---

①　根据《政府采购法》第43条的规定,政府采购合同适用合同法。《中华人民共和国合同法》明确列举了买卖合同、租赁合同、委托合同等15种法定合同形式,其第130条规定:"买卖合同是出卖人转移标的物的所有权于买受人,买受人支付价款的合同",《政府采购法》中的"购买"合同正指买卖合同。

②　财政部有关负责人在就《指导意见》答记者问时指出:"当前政府向社会力量购买服务工作尚处于探索阶段,进展程度不一,做法也不尽相同,在全国层面制定具体制度的时机还不成熟。比较符合实际的做法是,先研究出台指导性意见,鼓励、支持和指导地方推进工作,根据进展情况再总结经验、完善办法,逐步建立健全相关制度。因此,《指导意见》的基本定位是做好顶层设计,相关政策设计注重原则性、方向性、统筹性和指导性。既鼓励支持开展政府向社会力量购买服务的主动性、积极性,又明确一些基本原则要求,确保规范操作、稳妥推进。"

③　王浦劬,莱斯特·M.萨拉蒙,等.政府向社会组织购买公共服务研究:中国与全球经验分析[M].北京:北京大学出版社,2010:17-19.

④　需注意的是,纯粹为了扶持社会力量的发展,而非作为社会力量提供公共服务的对价给予资助的,并非政府购买公共服务。胡薇.购买服务还是政府资助——政府向社会组织购买服务的实践含义[J].北京科技大学学报(社会科学版),2013(4).

与社会力量建立合同关系,为公民提供公共服务。只有通过合同方式明确政府与社会力量在服务购买项目中的权利义务,才能更好地保障社会力量的合法权益,规制政府权力,保障服务购买项目的有序进行。

由此,从购买主体(采购人)、购买范围(采购范围)、承接主体(供应商)、实施方式来看,政府购买公共服务法律关系与政府采购法律关系具有同构性,政府购买公共服务属于政府采购的一种类型。

(三)政府购买公共服务与政府采购运作方式可通约

自进入 21 世纪以来,随着政府购买公共服务试点范围的不断扩大,其运作也渐趋规范。如前文所述,各地区纷纷以"实施意见""暂行办法""实施方案"等形式出台关于政府购买公共服务的一般性或专项性的规范性文件,指导试点工作的开展。综合各地规范性文件及实施情况,[①]政府购买公共服务的运作方式如图 1-2 所示:[②]

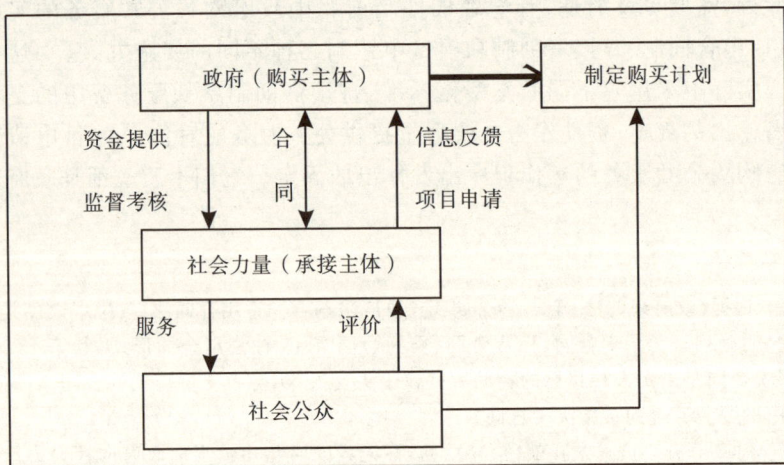

图 1-2　政府购买公共服务运作方式

---

① 例如民政部、财政部《关于政府购买社会工作服务的指导意见》、福建省人民政府《关于推进政府购买服务的实施意见》、湖北省人民政府办公厅《关于政府向社会力量购买服务实施意见(试行)》《宁波市政府服务外包暂行办法》、成都市人民政府《关于建立政府购买社会组织服务制度的意见》等。

② 本图参考崔正,王勇,魏中龙.政府购买服务与社会组织发展的互动关系研究[J].中国行政管理,2012(8).

首先,制定购买计划,报同级财政部门批准。财政部门是政府购买公共服务的主管部门,其在政府购买公共服务中的角色与在政府采购中的角色相同——政府采购(购买)活动的监督管理者。部分地区甚至直接要求将政府购买公共服务纳入政府采购管理中。[①] 购买计划旨在明确所要购买的公共服务的内容、预算情况以及实施过程,以约束此后的政府购买活动,保证财政资金的有效使用。

其次,确定承接主体。政府购买公共服务成功与否取决于对市场机制的运用,即能否形成有效的承接主体竞争秩序。纵观各地规范性文件,多以《政府采购法》规定的供应商确定方式为依据,要求以公开招标为主,符合相应条件时,可以采取邀请招标、竞争性谈判、单一来源采购等方式。[②]

再次,合同管理。政府购买公共服务是政府以合同方式购买公共服务。一方面,政府购买公共服务合同与政府采购合同性质相同,两者都是政府为了实现一定的行政目的,与符合一定资质条件的社会力量签订的法律文书,合同的一方当事人是政府,另一方当事人是社会力量。尽管《政府采购法》第43条第1款规定,政府采购合同适用合同法,但综合《政府采购法》关于政府采购目的、采购人角色等方面的规定,从合同当事人的法定性、当事人地位的实际不平等性、政府采购合同的公共利益趋向等方面来看,[③]政府采购合同,进而政府购买公共服务合同显然不同于一般合同。另一方面,政府购买公共服务的合同管理主要包括合同签订、合同实施、合同验收三个层面,这与政府采购的合同管理方式一致。以《宁波市政府服务外包暂行办法》为例,几乎完全适用了《政府采购法》关于政府采购合同的规定。[④]

有学者认为,政府购买公共服务与现行政府采购体系中的采购政府履职

---

① 例如云南省《关于控制财政供养人员增长推行政府购买服务工作的意见》《中山市政府政府购买服务工作暂行办法》《杭州市人民政府关于政府购买社会组织服务的指导意见》等。

② 如《指导意见》、山东省《政府向社会力量购买服务办法》、《民政部、财政部关于政府购买社会工作服务的指导意见》、江苏省《关于推进政府购买公共服务工作的指导意见》《河北省人民政府办公厅关于政府向社会力量购买服务的实施意见》《吉林省人民政府办公厅关于政府向社会力量购买服务的实施意见》《宁波市政府服务外包暂行办法》。

③ 肖北庚.论政府采购合同的法律性质[J].当代法学,2005(4).叶必丰.行政合同的司法探索及其态度[J].法学评论,2014(1).

④ 如《宁波市政府服务外包暂行办法》第4条、第22条、第25条、第26条、第32条、第40条等。

所需的后勤服务存在形式上的差别,即如图 1-2 所示,前者关注三方主体,即购买主体、承接主体、社会公众,而后者则关注两方主体,即采购人与供应商。① 然而,这种形式差别并不影响政府以政府采购的方式购买公共服务。无论是政府购买公共服务合同,还是政府服务采购合同,合同当事人实质上都只有两方——购买主体(采购人)与承接主体(供应商),合同属性及其所涉及的权力、权利义务关系无本质差异。政府服务采购中的"采购人"具有双重身份,既是服务的采购者,也是服务接受者,当其作为服务接受者时,与政府购买公共服务中的"社会公众"一样,两者的需求都是实施服务采购的依据,两者的满意度均是衡量服务采购合同履行情况的重要指标。从合同相对性原则出发,政府购买公共服务中的"社会公众"并非合同当事人,仅系第三人或利害关系人,政府购买公共服务合同对社会公众并不具有拘束力。所以,这种形式上的差别仍无法否认政府购买公共服务属于政府采购,其与政府服务采购存在本质上的同一性。

(四)域外立法例

从政府购买公共服务与政府采购的关系出发,域外立法例大致包括两种:一种是合并立法,即不对政府购买服务作单独区分,与政府采购货物、工程一并规定在政府采购法中,如美国《联邦采购条例》、台湾地区"政府采购法"、联合国《贸易法委员会货物、工程和服务采购示范法》(1994 年);另一种是分别立法,如欧盟。前文已经明确,政府购买公共服务实然已经在《政府采购法》的基本框架下展开,所以合并立法已成必然,因此这里着重论述合并立法例,只对欧盟的政府采购立法体系作简要介绍。

欧盟对政府采购公共服务、公共供应品、公共工程以及公共事业作了分别立法,其公共采购法律体系由六部指令构成,其中四部是关于政府采购的实体性法律,两部是程序性法律。前者即《关于协调授予公共服务合同的程序的指令》(1992 年颁布,简称《服务指令》)、《关于协调授予公共供应品合同的指令》(1993 年颁布,简称《供应指令》)、《关于协调授予公共工程合同的程序的指令》(1993 年颁布,简称《工程指令》)、《关于协调有关水、能源、交通运输和电信部门采购程序的指令》(1993 年颁布,简称《公共事业指令》)。

就合并立法而言,虽然货物、工程、服务被纳入统一的政府采购法律中,但通常会结合各类采购的特殊性作专门规定。美国《联邦采购条例》第 37 部分

---

① 常江.美国政府购买服务制度及其启示[J].政治与法律,2014(1).

专门对服务合同作出规定,不仅涉及服务采购的相关概念、政策、监管及基于绩效的监管,还对特定类型的服务采购作出具体规定。台湾地区"政府采购法"则注重三类采购的共性和差异,在规范内容上多以工程、货物采购为焦点,相关规范能够适用的则准用于劳务采购中,不能准用的,则对劳务采购作出专门规定,如第 2 条对"采购"一词的界定:"本法所称采购,指工程之定作、财物之买受、定制、承租及劳务之委任或雇佣等",突出了三类采购在合同方式上的差异。《联合国示范法》系在《货物和工程采购示范法》的基础上增加服务采购内容,修改而成。从规范体例上看,《联合国示范法》包括总则、采购方法及其采用条件、招标程序、服务采购的主要方法、审查等六章。就服务采购而言,《联合国示范法》既注重一般规范的适用,也强调服务采购自身的特殊性。根据《联合国示范法》立法指南的说明,《联合国示范法》承认"支配服务采购某些方面的考虑与支配货物或工程采购的考虑不同",原因在于"服务采购不同于货物和工程采购,它通常涉及一种无形商品的供应,其质量和精确内容可能难于量定。提供的服务的确切质量可能主要视供应商或承包商的技术和专门知识而定。在货物和工程的采购中,货物和工程的价格是评审过程的主要标准,但服务采购在评审和选择过程中,人们往往并不把服务价格看作是同供应商或承包商的素质和能力同样重要的一种标准。"①由此,《联合国示范法》第四章对服务采购的评审和评选过程作专门规定。

此外,这些立法例都没有在货物、工程、服务采购之外,对服务作政府履职所需服务与公共服务这样的区分。也就是说,政府履职所需服务与公共服务本质相同,以其无形性区别于货物、工程。尽管传统政府采购中,采购人就是服务的接受者,政府购买公共服务中,采购人是为了社会公众而购买公共服务,但如前所述,这并不会导致两者在运作上的本质差异,两者都必须考虑服务接受者的需求及意见。

实际上,联合国《示范法》的制定过程与我国《政府采购法》的情况极为相似。现行《政府采购法》绝大部分内容是货物和工程本位的,对服务本身的特殊性关注不足。政府购买公共服务的迅速发展实际上为《政府采购法》中服务采购的细化提供了契机。综合前述分析,就政府购买公共服务立法与《政府采购法》的关系而言,结论必然是,政府购买公共服务立法必须在《政府采购法》

---

① 参见联合国《贸易法委员会货物、工程和服务采购示范法》(1994 年)及其立法指南。

的框架下展开；如果作恰当地解释和合理地理解，现行《政府采购法》并不阻碍政府购买公共服务的实施，只是由于其对服务采购的规定过于笼统、概括，需要进一步细化才能更有效地指导政府购买公共服务。联合国《示范法》的制定过程为我们下一步的政府购买公共服务立法提供了启示，且结合当前政府购买公共服务的实践，合并立法是必然路径，不需要对政府购买公共服务作单独立法。

二、政府购买公共服务立法与其他行政法律规范的关系

目前，国内大多数地方的政府购买公共服务基本停留在政策推动阶段，学界很大程度上因此普遍认为我国政府购买公共服务仍处于探索阶段。例外的是，宁波市于2009年以政府规章的形式颁布了《宁波市政府服务外包暂行办法》，详尽设计了政府购买公共服务的基本规范。结合近年来多以"实施意见""实施办法""指导意见"等形式出现的政府购买公共服务政策（这些政策虽然涉及政府购买公共服务的全部要素，但多流于形式化和概括化），从内容上看，政府购买公共服务立法大致包括以下几个部分：概念与实施原则、购买范围（政府购买公共服务指导目录）、购买程序（主要关注承接主体确定）、合同实施（承接主体与购买主体权利义务分配）等方面。就政府购买公共服务立法与其他行政法律规范的关系而言，本研究主要以《宁波市政府服务外包暂行办法》为依据，结合《政府采购法》的相关规定作一分析。

然而，在此之前，有必要明确政府购买公共服务过程中，作为购买主体的政府与作为承接主体的社会力量（主要是社会组织）之间的关系为何。基于相关规范性文件，政府购买公共服务大致包括四个过程：确定购买项目、确定承接主体、签订合同、实施合同。其中，"确定购买项目"系购买主体内部行为，尽管通常应当通过广泛的公共参与以明确更符合公民需求的公共服务购买项目，但相对于承接主体来说，很大程度上，属于购买主体内部运作事项，因而涉及购买主体自身是否按照法定的程序、合理地确定购买目录，若无，则要承担行政责任，乃至刑事责任。从"确定承接主体"到"签订合同"，再到"实施合同"，购买主体与承接主体之间逐渐确立公共服务购买关系，并明确两者的权利义务。对此，可以适用关于政府采购合同的规定。尽管结合《政府采购法》的规定，政府采购合同倾向于民事合同属性，即第43条第1款规定，"政府采购合同适用合同法。采购人和供应商之间的权利和义务，应当按照平等、自愿的原则以合同方式约定"，但从当前理论界的相关讨论出发，政府采购合同之民事合同说已经日薄西山，行政合同说备受推崇。甚至《湖南省行政程序规定》第 93 条第 1 款规定,"本规定所称行政合同,是指行政机关为了实现行政管理目的,与公民、法人或者其他组织之间,经双方意思表示一致所达成的协议",并于第 2 款明确规定,政府采购合同属于行政合同。余凌云教授曾在《行政契约论》一书中指出:"采购行为乍一看好像是一般的商业行为,采购契约也就是一般的民事行为。然而这种分析虽然大体不错,然失之笼统,在特定情况下,采购契约却有可能与一般商业契约有着实质性的区别,这种区别根源于政府采购所具有的经济重要性及本身所蕴含的公益性。"①从行政合同与民事合同的区别出发,即主体的法定性、主体地位的实际不平等性、以行政职责为前提、行政主体具有优益权、以行政目标为目的、适用行政法规范、确定行政法上的权利义务,②结合政府采购的运作实际,政府采购合同显然更倾向于行政合同属性。由此,政府采购过程必须恰当处理公共利益、规制权力、契约自由等之间的关系。

探讨政府购买公共服务立法与其他行政法律规范之间的关系,可从政府购买公共服务过程中,承接主体与购买主体之间的权利义务关系出发。首先,根据《宁波市政府服务外包暂行办法》第 9 条的规定,"行政处罚、行政许可、行政检查、行政收费、行政确认、行政征收征用、行政强制执行等政务行为,不得实行服务外包。对外服务外包事项涉及政务行为的界定不够明确的,行政机关应按事项内容报同级编制、政府法制、财政、监察等相应管理部门进行合法性和可行性审查,在确定后按本办法执行",并结合《指导意见》关于购买范围的限制,即"政府向社会力量购买服务的内容为适合采取市场化方式提供、社会力量能够承担的公共服务,突出公共性和公益性",行政处罚、行政许可、行政强制等与公民权益密切相关,权力行使不当将造成严重后果的事项,不属于政府购买公共服务的范畴。其次,现有关于政府购买公共服务的规范性文件均未对政府购买公共服务过程中的违法行为之处罚作出规定,如《宁波市政府服务外包暂行办法》第 40 条规定,"行政机关、承包商违反本办法规定的,按照政府采购法等有关法律、法规、规章规定处罚",即直接援引其他法律法规的相关规定,处罚违法行为,因此至少在负担行为方面,不涉及与现有规范,如《行政处罚法》《行政强制法》的冲突。再次,政府购买公共服务的重要一环系承接主体的确定,从相关规范性文件的规定来看,可能涉及对承接主体的资质确

---

① 转引自肖北庚.论政府采购合同的法律性质[J].当代法学,2005(4).
② 叶必丰.行政合同的司法探索及其态度[J].法学评论,2014(1).

认,以划定承接公共服务的门槛,尤其是民政部门对社会组织资质的评估。以XM市为例,为了配套政府购买公共服务的实施,市民政局已经初步编制社会组织目录,明确了第一批具有资质条件承接政府转移职能和购买服务的社会组织,共计75家,其中社会团体52家,民办非企业单位23家。但民政部门的资质确认权源于其自身权限,并符合《行政许可法》的规定,关键要设立公平、公正的资质评估确认标准。

三、结论

综上分析,政府购买公共服务立法系政府履行其宪法义务的体现,符合国务院的立法权限,且不与现有立法,主要是《政府采购法》《行政处罚法》《行政许可法》等冲突,具有合法性。《政府采购法》是政府购买公共服务据以展开的主要依据,政府购买公共服务立法应当在《政府采购法》的基本框架下展开;政府购买公共服务立法基本不涉及新增行政许可、行政强制,因而在立法层面存在的法律障碍相对较少。

第三节　立法的成本—效益分析

2011年3月10日,吴邦国委员长在十一届全国人大四次会议上宣告,以宪法为统帅,以宪法相关法、民法商法等多个法律部门的法律为主干,由法律、行政法规、地方性法规等多个层次的法律规范构成的中国特色社会主义法律体系已经形成,从而彻底扭转了"数量型立法"的立法态度,"质量型立法"、立法评估成为今后立法的一种趋势。自2004年《国务院全面推进依法行政实施纲要》明确强调立法评估工作以来,立法评估,尤其是立法后评估在全国范围内普遍开展,立法后评估规范层出不穷。[①] 在立法后评估成蔚然之势的同时,立法前评估渐入人们的视野,然如前所述,相关研究尚处起步阶段。成本—效益分析作为一种能够直观表现立法成效的工具备受推崇。[②] 然而,实际的状况是,成本—效益分析在立法评估理论上拥趸甚多,但实践中,尤其是已经制

----

① 截至2014年8月31日,在北大法宝上,以"立法后评估"为关键词,共查到地方性法规两部,政府规章10部;地方规范性文件18篇,中央层面相关文件13篇。

② 如《广州市人大常委会立法后评估办法》《无锡市规章立法后评估办法》《西宁市政府规章立法后评估办法》《苏州市规章立法后评估办法》《厦门市规章立法后评估办法》等。

定相应规范并有明确规定的地方,在真正的立法评估过程中反而往往将成本—效益分析束之高阁。①

立法评估通常分为立法前评估和立法后评估。立法前评估重在提升即将制定或正在制定的法律法规的立法质量;立法后评估重在检验已经制定实施的法律法规的立法质量。两者都以特定立法项目为评估对象,立法前评估通过客观预测该立法项目的实施效果以及立法成本,解决的是要不要立法的问题;立法后评估则基于某项立法的具体实施效果,讨论是否需要修订的问题。这就决定了两者在评估指标体系设计上存在一定的共性,立法后评估的指标可以作为立法前评估的参考指标,同类立法的实施成本与效果可以作为立法前评估的比照事项,从而保证立法前评估的客观性。此外,国内立法项目上的成本—效益分析多借鉴美国、欧盟及经济合作与发展组织的规制影响分析。这些国家和地区已经有较为成熟的立法成本—效益分析实践。以美国为例,成本—效益分析已经渗透入政府决策的全过程。一百多年来,美国的政府管制先后经历了国会控制的管制模式、独立监管机构自我控制的监管模式,最终进入成本—效益分析的管制模式。② 在成本—效益分析管制模式下,国会批准在白宫的管理和预算办公室(Office of Management and Budget,OMB)中建立信息和管制事务办公室(Office of Information and Regulatory Affairs,OIRA),专门从事规章审核的工作。由此,成本—效益分析成为行政机构制定和执行规章的基本原则、决策程序、分析方法,并以收益超过成本以及社会净福利最大化,作为衡量管制绩效的标准。

针对政府购买公共服务立法前的成本—效益分析,将结合立法后评估的相关指标体系,并以美国立法成本—效益分析的基本模式为参照。不过,一方面,如前所述,国内立法评估上暂无比较成熟的成本—效益分析实践,但理论上已有不少学者探讨立法成本—效益分析,本研究限于理论上勾勒出立法项目成本—效益分析的基本轮廓。另一方面,立法前评估所涉及的成本与效益

---

① 如《全国人民代表大会常务委员会法制工作委员会关于〈中华人民共和国中小企业促进法〉有关制度立法后评估工作情况的报告》《全国人民代表大会内务司法委员会关于〈中华人民共和国残疾人保障法〉立法后评估的报告》《宁波市劳动合同条例》立法后评估报告》《厦门市商品房预售管理规定》立法后评估报告》《苏州市公路条例》立法后评估报告》等,多直观反映相关立法的实施效果及存在问题,并未运用成本—效益分析方法。

② 席涛.美国的成本—效益分析管制体制及对中国的启示[J].经济理论与经济管理,2004(6).

测算相较于立法后评估而言，多少有些无的放矢，立法后评估尚且无法做到有效的成本—效益分析，遑论立法前评估。从美国立法成本—效益分析的运作实际来看，有专职机构的专业人士进行专业的数据收集、测算与分析，不仅要有会计学、财务管理等领域的充分知识，还必须对政府规制运作的实际情况有深入的了解以及坚实的法律基础，具体的实施运作极为复杂。在缺乏成熟的立法成本—效益分析实践的参照下，本研究大致采用概括化的方式，尝试对政府购买公共服务立法前的成本与效益作一般性分析，仅供参考。

一、立法项目成本—效益分析的基本框架

（一）美国管制的成本—收益分析[①]

美国主要通过行政命令的方式指导成本—收益分析（cost-benefit analysis）的展开。根据 12866 号行政命令的规定，成本—收益分析方法的基本内涵是：成本与收益既包括可以计量的措施，也包括成本与收益难以量化但又必须考虑的定性措施。除非法令另有规定，否则行政机关应该选择那些能使净收益最大化的方法来进行规制，"净收益"包括潜在的经济、环境、公共健康和安全以及其他利益。行政机关在拟议规制时，应该对自己的规制行为进行评估，应该以实现规制目标收益最大化的方式来设计规制；行政机关应该考虑规制中的创新激励、执行成本和守法成本、机动性、分配影响和平等问题。

2002 年，美国管理与预算办公室进而发布成本收益分析指南，要求：（1）如果不可能将规制的影响货币化，行政机关要解释原因，并把所有可得的量化信息连同影响的时间、可能性一起提供给管理与预算办公室；（2）如果甚至连量化都很困难，行政机关要把任何相关量化信息连同关于不能量化的影响、时间选择和可能性的描述，一并提供给管理与预算办公室；（3）如果将收益货币化是困难的，行政机关可以不采用成本收益分析，而使用成本—效益分析（cost-effectiveness analysis）。该方法是成本—收益分析的辅助法则，只要政策目标已经确定，成本—效益分析只问哪一种规制手段是达成目标的最少成本方法，只求以最低成本实现既定效果。也就是说，成本—收益分析方法原则

---

① 本部分参考席涛. 立法评估：评估什么和如何评估——美国、欧盟和 OECD 法律法规和指引[M]. 北京：中国政法大学出版社，2012.

上按照从货币化分析到其他量化分析,再到定性分析这样的优先次序进行。①

(二)学界对立法成本—效益分析框架的建构

国内研究立法成本—效益分析,或者说法律绩效评估者,不乏其人。以汪全胜教授为代表,相关研究多侧重成本、效益指标的确定与比较分析方法。这里以汪全胜教授的相关研究为主,简要介绍一下国内学界关于立法成本—效益分析的基本框架。②

1. 成本与效益的基本指标(如表 1-2)

表 1-2 成本效益的基本指标

法律成本	立法成本	支付立法机关运转及其工作人员的全部费用
		收集立法信息、立法资料以及形成立法草案的费用
		审议立法草案与修订立法文本的费用
		制作法律文本的费用
		公布与传播法律、法规的费用
	司法与执法成本	机构设置及硬件配置费用
		司法执法人员工资与社会福利费用
		司法执法机关运转的费用
		制作法律文本的费用
	守法成本	社会组织或个人为遵守法律法规所支付的费用
法律效益	法律配置效益	稀缺的法律的配置满足了社会财富最大化的制度需要
	法律实施效益	已投入的法律资源确实能够促进社会财富的极大化

---

① 本部分参考全球政务网:美国规制影响分析与行政法的发展[EB/OL]. 2013-05-09[2014-06-05]. http://www.govinfo.so/news_info.php? id=12271.相关规范可在下述网址下载:http://www.whitehouse.gov/omb/inforeg_default.

② 本部分参考汪全胜.法律绩效评估机制论[M].北京:北京大学出版社,2010.汪全胜.立法效益研究——以当代中国立法为视角[M].北京:中国法制出版社,2003.王学辉,邓华平.行政立法成本分析与实证研究[M].北京:法律出版社,2008.

此外,有两点值得注意:(1)法律成本的类型可区分为直接成本与间接成本、固定成本与可变成本、短期成本与长期成本。[①] (2)法律效益类型可区分为可计量的效益与不可计量的效益、短期效益与长期效益、直接效益与间接效益等。[②]

2.成本与效益的比较评估

成本与效益的比较评估多强调一方面应侧重定量分析,另一方面亦应对不可量化指标作定性分析。"无论如何,定量的收益—成本分析通常必须辅以其他方法。无论是效率还是公平效应并不是总能用货币指标作出合理的表示,甚至不能用其他标准量化。不能量化并不说明不重要,在定性要素的重要性得到普遍认可的情况下,指导文件不应该使定性因素从属于定量因素。"[③]因此,单纯的成本效益分析方法必须辅之用其他评估方法,综合评估法律绩效。

(三)立法后评估中的成本—效益分析

立法后评估的成本—效益指标体系可以借鉴"XM 市人民政府规章立法后评估办法(专家建议稿)"课题组的研究成果,[④]现将相关指标列示如表 1-3:

表 1-3　立法后评估的成本—效益指标体系

	立法成本项目	说明
立法过程成本	收集立法信息、立法资料以及形成立法草案的支出	
	调研的支出	
	专家咨询、论证费用支出	
	听证会、座谈会等征询意见的支出	
	制作法规规章文本、公布与传播法规、规章的支出	
	其他人力、物力、财力的投入	

---

① 直接成本指为了制定和实施法律而直接投入人力、财力和物力资源;间接成本指法律制定和实施过程所造成的间接损失。固定成本指制定或实施一部法律所必需支出且不随立法产量增加而变化的全部费用,如立法、司法、执法人员的薪水、办公设施配备等;可变成本是指随着法律供给数量与质量的不同而变动的成本,如新机构或人员。短期成本指法律制定与实施的短期资源消耗;长期成本指法律制定与实施的长期成本支出,如社会条件变化导致法律修正。

② 法律实施产生的效益复杂多样,其中一些可以用数量来计量,一些不可用数量来计量,前者如增加的行政许可的数目;后者如公众对社会秩序的满意度。

③ 经济合作与发展组织.OECD 国家的监管政策——从干预主义到监管治理[M].陈伟译.高世楫校.北京:法律出版社,2006:166.

④ 此处引用得到"厦门市人民政府规章立法后评估办法(专家建议稿)"课题组相关负责人的同意与支持。

续表

		立法成本项目	说明
执法成本	前期准备	执法机构开办支出	
		人员工资	
		人员培训费用	
		法规宣传费用	
		购置设备、建立网络支出	
		与其他机构协调关系的支出	
		其他各种财务成本	
	执法过程	监督检查支出	
		检验、检测、鉴定支出	
		调查取证支出	
		听证、论证支出	
		送达执行支出	
		其他支出	
社会成本	有形成本	立法引起的经济指标降低的情况	
		立法造成的税费的减少情况	
		立法减少企业利润的情况	
		立法导致新企业的开办或者原有企业的破产倒闭情况	
		立法导致工人的失业情况	
		立法导致工人收入减少情况	
		其他耗费	
	无形成本	立法导致的社会心理、伦理道德的变化情况	
		立法导致的居民工作、生活等习惯改变情况	
		立法引起的社会其他耗费	

续表

立法成本项目		说明
经济效益	设定的制度、措施促进经济发展、方便交易的情况	
	立法引起的经济指标上升的情况	
	立法增加税费收入的情况	
	立法增加企业利润的情况	
	立法增加就业岗位、促进就业的情况	
	立法增加就业者收入的情况	
	立法节约交易成本的情况	
	获取市场信息的收益情况	
	节约行政成本(包括执行和监督支出)的情况	
	降低救济(复议、仲裁、诉讼等)费用支出的情况	
	立法增加违法成本(包括制假售假、投机取巧、坑蒙拐骗、尔虞我诈等)的情况	
	立法对优化经济环境、保护生态环境和增加经济活动结果的可预见性方面的情况	
	其他	
社会效益	立法对促进社会公平与正义的情况	
	立法对促进社会秩序尤其是法治秩序的进步情况	
	立法对人们普遍遵守法律的影响情况	
	立法对促进社会道德水平的提高,良好社会风尚形成的影响情况	
	立法对社会科技教育文化进步的影响情况	
	其他	

二、政府购买公共服务立法项目成本与效益分析框架的建立与应用

(一)分析框架的建立

基于前述分析,政府购买公共服务立法项目成本与效益分析框架的建构主要遵循以下原则:(1)定量分析与定性分析相结合,区分可量化指标与不可

量化指标,分别加以分析;(2)以 XM 市政府购买公共服务的发展实际为中心,结合我国政府购买公共服务的发展实际;(3)相关指标的评价参考现有规范性文件,尤其是《指导意见》以及《宁波市政府服务外包暂行办法》。相关指标可列示如表 1-4:

表 1-4　政府购买公共服务立法项目成本—效益分析框架

		可量化指标	说明
预期立法成本	预期立法过程成本	收集立法信息、立法资料以及形成立法草案的支出	
		调研支出	
		专家咨询、论证费用支出	
		听证会、座谈会等征询意见的支出	
		制作法规规章文本、公布与传播法规、规章的支出	
		其他人力、物力、财力的投入	
	预期法律实施成本	前期准备	新设机构支出	
			新增人员支出	
			人员培训费用	
			购买设备、建立网络支出	
			法律宣传费用	
			其他支出	
		实施过程	公共服务购买项目的确定成本	
			项目承接主体的确定成本	
			协调机构关系的支出	
			日常监管支出	
			评估验收支出	
			合同纠纷支出	
预期立法效益	预期经济效益	立法可能引起的经济指标①上升情况	
		立法对就业的预期影响	
		立法节约行政成本的预期影响	

①　经济指标是指反映一定社会经济现象数量方面的名称及其数值,包括地区生产总值、工业增加值、固定资产投资、地方财政一般预算收入、地方财政一般预算支出、对外贸易(海关进出口总额)、社会消费品零售总额、消费物价指数(CPI)、城镇居民人均可支配收入、农牧民人均现金收入、外商直接投资(FDI)、外汇储备、货币存量或流通量。

续表

		不可量化指标	说明
预期立法成本	预期社会成本	立法对公民生活的预期影响	
		立法对社会力量发展的预期影响	
		立法对社会秩序的预期影响	
		其他预期成本	
预期立法效益	预期社会效益	立法对政府职能转变的预期影响	
		立法对公共服务供给的预期影响	
		立法对社会力量发展的预期影响	
		立法对社会秩序尤其是法治建设的预期影响	
		立法对社会公平正义、道德水平、社会风尚的预期影响	
		其他预期效益	

需要说明的是,我国政府购买公共服务的一个突出特点在于政府购买公共服务的试点与社会组织的培育相互交织。一方面,政府购买公共服务成为促进社会组织发展的重要手段,另一方面,政府对社会组织的扶持和培育又促进了政府购买公共服务更加公开、公平、公正。前述指标体系中并未将政府对社会组织的扶持和培育支出纳入。原因在于,政府的社会组织发展政策并不属于政府购买公共服务范畴之内,实践中,两者虽然相互交织,但这很大程度上只是源于社会组织系公共服务购买项目的主要承接力量,而我国社会组织的发展并不成熟。应当区分政府的社会组织发展政策与政府购买公共服务,政府购买公共服务作为一种公共服务供给模式,并不包括政府对社会组织的扶持与培育。

(二)分析框架的应用

基于美国的规制影响分析、学界相关理论以及立法后评估中成本—效益分析的相关指标的分析,在尽可能优化处理国家之间的立法差异,以及立法前评估与立法后评估之间的异同之后,结合政府购买公共服务的实施现状,政府购买公共服务立法基本框架终于确立。诚如前文所述,由于立法项目影响分析对专业性的要求,以及立法评估领域尚缺乏成熟的成本—效益分析实践,基本框架本身以及下文将要论及的框架应用不可避免地带有很大的局限性。在这种情况下,就政府购买公共服务立法之成本—效益分析来看,基本框架的应用将以 XM 市政府购买公共服务立法项目为对象,暂不考虑立法项目的动态变化,主要从静态出发,简要分析 XM 市政府购买公共服务立法的成本与效益。

1.可量化指标分析

如基本框架所示,可量化指标主要集中于预期立法过程成本与预期法律实施成本以及预期经济效益三个方面。预期立法过程成本方面的数据主要根据 XM 市法制局提供的资料,参照以往类似立法所耗费的立法过程成本,予以确定。预期法律实施成本分为前期准备与实施过程两个方面,前者的数据可参考以往类似事项所耗费的成本,并结合政府购买公共服务实施的相关要求,予以确定;后者的数据主要根据相关访谈、问卷调查以及其他政府部门所提供的资料,予以确定。难点在于预期立法经济效益的评估。就此而言,将结合访谈、问卷调查情况,结合定量与定性分析,作出相关评价。预期立法成本指标数据大致如表 1-5 所示:

表 1-5 政府购买公共服务预期立法成本

可量化指标			说明
预期立法过程成本	收集立法信息、立法资料以及形成立法草案的支出		以 XM 市为例,根据以往立法经验大约需要 15 万元,主要包括资料收集、委托调研、问卷调查、外出考察、专家论证评审等费用
	调研支出		
	专家咨询、论证费用支出		
	听证会、座谈会等征询意见的支出		
	制作法规规章文本、公布与传播法规、规章的支出		
	其他人力、物力、财力的投入		
预期法律实施成本	前期准备	新设机构支出(包括配套设施)	以 XM 市为例,前期费用大约需要 20 万元,主要包括宣传、人员培训等
		新增人员支出	
		人员培训费用	
		购买设备、建立网络支出	
		法律宣传费用	
		其他支出	
	实施过程	公共服务购买项目的确定成本(调研费用等)	视开展政府购买服务的具体规模、频次而定
		项目承接主体的确定成本(招投标费用等)	
		协调机构关系的支出	
		日常监管支出	
		评估验收支出(委托评估机构的费用)	
		合同纠纷支出(协调、仲裁、诉讼支出)	

需要说明之处如下:(1)公共服务购买项目的确定强调透明性、回应性。《宁波市政府服务外包暂行办法》第10条明确规定:"应当加强社会调查,通过各种方式听取基层群众意见,了解群众需求,实现服务外包的民主、科学决策",由此,项目确定成本主要体现在相关社会调查费用、组织听证费用等扩大群众参与支出。(2)项目承接主体的确定成本指确定项目承接主体过程中的支出,主要包括政府组织招投标的费用。根据当前规制政府购买公共服务的相关文件,多沿用《政府采购法》中的规定,即包括公开招标、邀请招标、竞争性谈判、单一来源采购、询价等方式,同时强调应以招投标为主要方式,并考虑到本地社会力量发展的实际,兼采定向委托的方式。如《HL区政府购买社会工作服务实施办法(试行)》要求,政府购买社会工作服务"原则上应通过公开招募或招标方式进行"。(3)协调机构关系的支出主要指项目确定与履行过程中,政府部门之间相互协调促进项目顺利展开所支付的费用。政府购买公共服务是一项需要相关部门之间相互协调促进的复杂工程。以XM市政府购买社会服务为例,除了项目确定过程中民政部门与财政部门的反复沟通外,由于当前社会对社会工作服务的认识度不高,社工机构单独开展社会工作服务存在一定的难度,多依托社区开展项目,因而具体项目运作过程中往往会首先支付社区一笔费用(一般情况下,每个项目支付给社区2万元),以便利项目实施。(4)日常监管支出主要指合同履行过程中,政府对承接主体项目实施情况的监督和管理费用,如《宁波市政府服务外包暂行办法》第33条规定:"监督管理部门应当加强对服务外包活动的监督检查,对有违反规定的行为,应当及时责令整改。监督检查的主要内容包括:(一)有关法律、法规、规章的执行情况;(二)服务外包范围、方式和程序的执行情况;(三)服务外包有关工作人员的职业素质和职业技能。"这一部分支出不包括监督管理人员的工资以及监督管理机构的设置费用,两者已经包括在"前期准备预期成本"中。(5)评估验收支出即合同履行完毕前,政府评估承接主体项目实施成效并予以验收所支付的费用。从当前政府购买公共服务的规范文件及实践来看,短期内多以政府部门自行验收为主,但总的趋势是委托第三方验收,如《宁波市政府服务外包暂行办法》第39条规定:"政府采购监督管理部门应当建立服务外包评价制度,委托有资质的专业社会统计调查机构评价,结合社会公众和服务对象意见,对服务质量、社会满意度等进行绩效考核。"(6)合同纠纷支出主要指政府为化解与承接主体在合同履行中产生的纠纷而支出的费用,如相互协调费用、仲裁或诉讼费用等。因此,这部分的支出主要指委托第三方评估机构的支出。此外,表格所列数据参考了已有类似立法项目成本与XM市政府购买公共服务实施情况,保守计算得出。

预期立法效益主要包括立法项目可能引起的经济指标上升情况、立法对就业的预期影响、立法节约行政成本的预期影响等三个方面。从政府购买公共服务的政策变迁来看,大力推行政府购买公共服务的出发点在于满足人民的公共服务需求、促进政府职能转型,节约行政成本。实践中,相关政府部门对政府购买公共服务的评价也主要集中于此。政府购买公共服务立法项目对经济指标的预期影响非常繁杂,对专业性要求较高,本研究在此不打算对这一指标作具体测算。但显而易见的是,这既包括直接影响,也包括间接影响。直接影响如推动第三产业发展,间接影响如通过改善公民的生活环境及心理状态引导个人创造更多的社会价值等。立法项目对就业的预期影响显而易见。如前所述,政府购买公共服务旨在构建由社会组织形成的承接市场,以竞争方式来促进公共服务质量的提高,以社会力量来填补政府直接提供公共服务的缺漏,也就是说,公共服务供给职能的转移必然能够促进社会组织的发展,从而加大对专业服务人才的需求。以 XM 市 HL 区 XW 社工中心为例,中心创立初始只有四五个人,随着项目承接的增多,全职人员达二十多人,工作人员的工资水平也由最初的 2000 多元到现在的 4000 多元,机构自身已经能够独立、可持续地发展。而且,根据中国社会组织网的统计,近年来,社会组织职工人数,尤其是女性职工,也是逐年增长,如图 1-3 所示:[①]

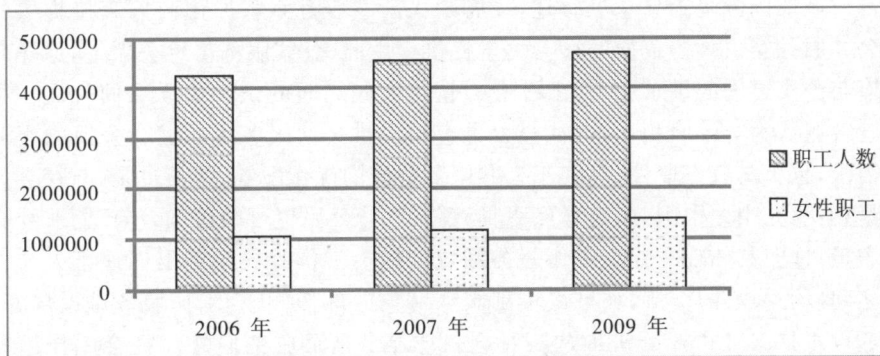

图 1-3 社会组织职工人数情况

① 在中国社会组织网上,仅查到了 2006 年、2007 年、2009 年的数据,虽然连续性不够,但总体来说,还是能够反映近年来社会组织就业情况。

节约行政成本是政府购买公共服务得以推行的最主要原因。无论从西方政府购买公共服务的兴起与发展,还是我国政府购买公共服务的兴起与发展来看,普遍的背景都在于政府机构的低效率、高成本运作。社会力量与政府相比,在公共服务提供上具有专业优势,且针对性强,由专业的人做专业且必要的事自然能够节约成本,而政府的优势在监督指导与统筹管理上。在公共服务供给上,政府退居二线,专事监督管理与指导,有利于资源的优化配置。以XM市为例,虽然尚无法获得具体的行政成本节约数据(尽管可具体测算),但从访谈情况来看,成效明显。如XM市推行比较好的居家养老服务购买项目,可以预见的是,若纯粹由政府提供居家养老服务,无论在质量,还是数量上,都不能有效满足老年人的服务需求,政府工作人员也并非专业的社会工作人员,必然导致人浮于事、低效率高成本。体育、医疗卫生、民政等部门也都明确肯定政府购买公共服务在降低行政成本、扩大公共服务覆盖面上的作用,即购买支出明显低于由政府直接提供公共服务的支出。

2. 不可量化指标分析

不可量化指标集中于政府购买公共服务立法项目的预期社会成本和预期社会效益方面,相关分析主要以对XM市政府购买公共服务的实地调研以及学界对国内其他地方和地区政府购买公共服务的研究为依据。

(1)立法对公民生活的预期影响

诚如国务院指导意见所述,政府购买公共服务系将原由政府直接提供的公共服务交由具备资质的社会力量提供。由此,公共服务供给关系上,原先政府与公民之间的供求关系,由社会力量与公民之间的供求关系取而代之。尽管普遍认为与政府相比,由社会力量直接提供公共服务更能迎合公民的服务需求,也更具有专业性,有利于公共服务资源的优化配置,但反过来,与社会力量相比,在当今中国,政府显然更具有公信力,公民更可能信赖政府,而非社会力量,这尤其体现在社会工作服务领域。社会工作服务最突出体现了人与人之间以心换心的交流,如果得不到服务对象的信任,社会工作服务难以展开。这也正是XM市部分机构购买社会工作服务所面临的问题。社会工作服务多直接面对社会弱势群体,直击人性弱点,社工的介入往往会对服务对象的日常生活造成一定的冲击,短期内,可能会招致其他公民对服务对象"另眼看待",导致服务对象误解,甚至会产生反叛现象,严重者进而影响社会安定。但从长期来看,随着社会工作服务宣传的深入,社会工作服务机构在公民生活中发挥的作用越来越明显,公民对社会工作服务的认可度将大幅提高,短期内的艰难也将化为乌有。如XM市HL区XW社工服务中心表示,在最早开始

"单亲妈妈"项目时,社工们不得不挨家挨户宣传,遭到白眼和误解是家常便饭,但随着"单亲妈妈"项目的逐步展开,尤其是慢慢显露成效,也得到越来越多的服务对象以及其他公民的认可。由于公共服务供给是直接面向公民个人,人与人的交流与认可难免需要花费时日,短期内可能付出大于收获,但从长远来看,短期内的付出最终将转化为无形的收获,便利公共服务购买项目的展开。

(2)立法对社会力量发展的预期影响

目前,政府购买公共服务实践与社会组织发展纠葛甚深,突出表现为公共服务购买项目成为地方政府扶持社会组织发展的一种策略。原因不言自明,政府购买公共服务以存在广泛的社会力量市场为前提。以 XM 市为例,政府购买社会工作服务主要集中于 HL 区,HL 区同时又是 XM 市社会工作服务机构最多的区,但即使作为社会工作服务机构最多的区,由于社会工作机构数量少且术业有专攻,也很难形成有效的社会工作服务承接市场。反思近年来 HL 区关于社会工作服务机构以及政府购买公共服务的政策,甚至可以说,没有社会工作服务机构就没有广泛的政府购买公共服务项目,而没有广泛的政府购买公共服务项目就没有当前社会工作服务机构的迅速发展。正是在这种背景下,政府购买公共服务的运作带有明显的倾向性,尤其在运作程序上,承接主体的确定往往以直接指定为主,较少采用招投标程序。[①] 对于某些刚刚起步的社会工作服务机构来说,政府的公共服务购买项目甚至决定了该机构的存续。政府购买公共服务立法项目旨在规范公共服务购买项目的具体运作,其关键之一在于公开、公平、公正的承接主体确定程序。尽管基于当前社会组织发展现状,承接主体确定程序的设定或许会略作妥协,但从长远来看,通过招投标方式确定政府购买公共服务的承接主体是必然趋势。因之,政府购买公共服务立法项目可能会对社会组织的发展造成一定的不利影响。然而,反过来看,这正是迫使社会组织走出襁褓,学会独立生存的必由之路,有利于社会组织的可持续发展。

(3)立法对公共服务供给、政府职能转变、社会秩序发展的预期影响

政府购买公共服务立法旨在促进政府购买公共服务供给模式的法律化、

---

① 这里需要指出的是,在其他政府购买公共服务先行先试地区,却不乏招投标程序的使用,如上海市福利彩票公益金资助项目严格实施公益招投标。根据上海招投标网 2014 年 6 月 5 日所发布的相关公告,已经中标项目达 1055 个,尚在招标过程中的项目达 1144 个。

制度化。从法律规范层面上,我国的公共服务供给体系将由政府主导的一元体制转化为政府与社会力量合作的二元体制,尽管实践中,政府与社会力量相互合作促进公共服务供给早已普遍存在。在公共服务领域,政府与社会力量合作模式的法律化,有利于改变长期以来政府购买公共服务单纯依靠政策、无法可依的窘境,推进政府购买公共服务的健康发展。以《宁波市政府服务外包暂行办法》为参照,政府购买公共服务立法旨在规范公共服务购买的基本要素(购买主体、承接主体、购买范围、购买方式、购买程序、合同实施与监管),明确购买主体与承接主体的权利义务关系。制定公共服务购买目录,厘定购买范围,明确购买项目的确定程序,有利于划定政府实施公共服务购买项目的界限,明确哪些可以且应当以购买方式提供,哪些不可以且应仍有政府直接提供,以及应当如何确定购买范围,从而改变当前购买范围四散浮动,限制政府在购买项目决定上的恣意性,真正实现公共服务资源的优化配置。明确承接主体的资质要求、规范公共服务购买程序,从而真正实现国务院法制办在其指导意见中所说的,"发挥市场机制的作用"。以公开、公正、公平的承接主体确定程序,一方面形成有效的公共服务承接市场,另一方面形成有益的社会组织发展环境,既能保证政府购买公共服务的公正性和有效性,又能促进社会组织的有序发展。明晰购买主体与承接主体的权利义务,既能照顾到公共服务购买合同的特殊性质,在一定范围内保证承接主体独立提供公共服务,政府不能过度干涉,又能明确公共服务由直接提供转向直接购买之后,政府角色的转变,厘定政府的监督管理权限,从而为公共服务供给领域,政府职能的转变、简政放权指出一条清晰道路。

此外,早在政府"试水"公共服务购买之前,政府已将一部分职能,包括公共服务供给职能,转移给专门成立的事业单位承担。政府购买公共服务机制的法律化、制度化,必然会冲击事业单位的存在,但这恰恰迎合了近年来事业单位改革的趋势。事业单位分类改革是一项长期、复杂的工作,无法在短时间内完成,政府购买服务的推广顺应了机构编制和财政支持方式的变化,将倒逼事业单位加快改革。① 2013 年《国务院机构改革和职能转变方案》明确将政府购买公共服务作为推进机构改革和职能转变的路径,其指出,加强社会管理能力建设,创新社会管理方式;公平对待社会力量提供医疗卫生、教育、文化、群众健身、社区服务等公共服务,加大政府购买服务力度。政府购买公共服务立

---

① 陈泥.公共服务将实行"百姓点菜政府买单"[N].厦门日报,2014-03-20(B05).

法在推进公共服务供给体系变迁的同时，不仅促成了政府职能的转变，也迫使事业单位加快改革，从而促进了社会的有序整合，政府、社会力量、事业单位真正各居其位，共同推进社会政治经济文化的健康发展。

(4)立法对社会公平正义、道德水平、社会风尚的预期影响

根据《国家基本公共服务体系"十二五"规划》的规定，我国的基本公共服务规划范围大致囊括了公民由"摇篮"到"坟墓"的整个过程，突出体现了我国的福利国家性质。尽管改革开放 30 年来，公共服务的供给数量和质量都获得了显著提升，"从总体上看，我国基本公共服务的制度框架已初步形成，人民群众上学、就业、就医、社会保障、文化生活等难点问题得到有效缓解"，但基本公共服务供给不足、发展不平衡的矛盾仍然十分突出，尤其面临严重的公平正义问题，如城乡公共服务供给不平衡，针对贫困地区、社会弱势群体的基本公共服务尚未得到充分的保障。①

公民基本权利的实现在一定程度上依赖政府创造的社会环境。针对公民的基本权利，政府负有尊重、保护与实现的义务，不仅应当做到不恣意干涉，还应当积极促进其实现，并为公民基本权利的实现提供组织、程序以及制度保障等。在公共服务供给不足、发展失衡的情况下，部分公民实现基本权利的能力必然受到极大限制。自由、平等的社会环境难以形成，社会阶层嫌隙丛生，社会的公平度和正义性将备受质疑，无助于社会安定。《国家基本公共服务体系"十二五"规划》明确指出，"打破行业分割和地区分割，加快城乡基本公共服务制度一体化建设，大力推进区域间制度统筹衔接，加大公共资源向农村、贫困地区和社会弱势群体倾斜力度，实现基本公共服务制度覆盖全民"，尤其强调"改革创新，提高效率。……创新基本公共服务供给模式，引入竞争机制，积极采取购买服务等方式，形成多元参与、公平竞争的格局，不断提高基本公共服务的质量和效率"。政府购买公共服务模式对于保障社会公平正义的重要性，可见一斑。如上海市政府购买公共服务呈现出由城市向农村扩张的特点，尤其是农村公共卫生服务、交通客运服务的购买渐成趋势，如松江区在新农村建设中推行"六小工程"，即"小超市""小戏台""小药箱""小学校""小窗口""小交通"，把公共服务配送到村头，从而进一步推动了基本公共服务的均等化。此外，政府购买公共服务系由社会力量直接提供公共服务，尤其是社会工作服务，有利于加强弱势群体与社会的互动，引导社会关注、关心弱势群体，净化社

---

① 参见《国家基本公共服务体系"十二五"规划》。

会风气。由来自于群众中间的社会力量直接提供公共服务,有利于形成社会互爱互谅的氛围,从而提升了整个社会的道德水平。最直接的体现就是,越来越多的人成为社会工作人员,越来越多的人志愿参与社会工作服务。以 XM 市为例,现有社会工作服务机构在组成上呈现出全职社工人员、兼职人员与志愿者相结合的特点。

三、结论

政府购买公共服务立法项目旨在规范政府购买公共服务活动,促进其制度化、法律化。为了形成有利的政府购买公共服务实施环境,短期内可能需要耗费大量的人力、物力,但政府购买公共服务立法的实施只是转变了政府职能,一般不会导致大量的人员增加及新设机构,甚至可以在原有机构和工作人员基础上,对相关职能予以优化分配来看,预期成本主要体现为立法过程成本,法律宣传、人员培训费用以及实施过程支出等。但根据调研情况,即使在这种情况下,诸多政府部门还是反映行政成本有所降低。此外,政府购买公共服务一旦法律化,短期内可能会对公民生活、社会组织发展以及社会秩序造成一定的冲击。但从长远来看,基于公共服务与公民生活水平、心理状态,以及社会关系密切相关,政府购买公共服务在提高公共服务覆盖率、提升公共服务水平的同时,将对政府职能转变、社会公平正义以及道德水平产生不可估量的效益。这些无形的效益显然超过有形的成本。

第四节 立法的必要性分析

在肯定政府购买公共服务由国务院统一立法的合法性及其实施的效益性之后,接下来就需要对政府购买公共服务的必要性与可行性作分析,这是立法时机评估的直接决定性因素,也会影响立法路径的选择。理论上关于立法时机的单薄研究直击必要性与可行性问题,具体研究多从客观需求和主观能力两方面入手,相关因素如表1-6所示。[①] 由之,问题分析应当立足于当前政府购买公共服务的实施现状,从其实施的效果与存在的问题,以及整体社会环境

---

① 郭道晖.论立法决策[J].中外法学,1996(3).王军.论立法时机的判断标准[J].人大研究,2010(6).饶龙飞,许秀姿.立法时机三论[J].井冈山学院学报,2009(1).

入手,以判断政府购买公共服务立法时机是否已经成熟。本部分首先对立法的必要性作出分析。

表1-6　立法时机评价指标

客观需要	经济发展的要求
	相关领域的问题无法通过立法外的手段予以解决
	与国际立法潮流有效接轨的呼吁
主观能力	对相关问题的认识渐趋成熟
	有充分的经验积累作为支撑
	相关配套制度建设作为保障

一、政府购买公共服务需要全国统一立法

如前所述,当前我国基本公共服务供给的突出特点在于地区之间、城乡之间发展不均衡,以及贫困、弱势群体公共服务需求得不到充分保障。由此,促进城乡、区域基本公共服务均等化、创新供给模式成为《国家基本公共服务体系"十二五"规划》的主要内容。基本公共服务均等化,系指全体公民都能公平可及地获得大致均等的基本公共服务,其核心是机会均等,而不是简单的平均化和无差异化。全体公民若能公平可及地获得大致均等的基本公共服务,前提必然在于有着全国统一的基本公共服务标准与基本公共服务体系,否则地区之间的不均衡、公民之间的不均衡必然导致复杂的社会问题,如大规模人员流动导致个别地区公共服务压力巨大、部分人员无法得到基本公共服务导致严重社会问题等。根据《国家基本公共服务体系"十二五"规划》的规定,"中央政府主要负责制定国家基本公共服务标准和政策法规,提供涉及中央事权的基本公共服务,协调跨省(区、市)的基本公共服务问题,以及对各省级政府提供的基本公共服务进行监督、考核与问责。按照国家统一制度框架,省级政府主要负责制定本地区基本公共服务标准和地方政策法规,提供涉及地方事权的基本公共服务,以及对市级和县级政府提供的基本公共服务进行监督、考核与问责。市级和县级政府具体负责本地基本公共服务的提供以及对基本公共服务机构的监管。"也就是说,中央政府负有制定涉及基本公共服务供给之政策法规,为下级政府提供运作的统一制度框架的责任。政府购买公共服务作为公共服务供给模式的重要创新,是"十二五"期间基本公共服务体系构建的重要内容之一,需要有全国统一的运作标准和框架,需要全国统一立法。

二、政府购买公共服务对于经济社会发展的意义

政府购买公共服务意味着政府由公共服务的直接提供者,变为公共服务政策的制定者、购买者和监督者;社会力量,尤其是社会组织进入到公共服务领域,成为部分公共服务的直接提供者;公民由与政府打交道转为直接与和自己生活在同样环境中的社会组织打交道,接受更普遍、更优质的服务。政府与社会力量各居其位,扬长避短,从而更有效地回应人民群众的不断增长和变化的公共服务需求,对于社会经济发展的意义举足轻重。政府购买公共服务立法意在规范化整个运作过程,从而保证政府购买公共服务的公开、公正和公平。

政府购买公共服务有利于规范政府职能转变,优化公共服务资源配置。政府购买公共服务对于政府职能转变、节约行政成本的意义毋庸置疑。以上海市为例,浦东新区自实行综合配套改革以来,行政审批事项已由原来的700多项减少至220项,其中37个审批事项转移给了行业性社会组织;闸北区临汾路街道社区事务工作站,采取"一站多居"的模式,承接政府下放的一些事务性、操作性工作,使居委会工作从135项减少到66项,每年为街道节省工作经费30多万元。又如XM市各民政部门或老龄委集中推出的居家养老服务呈现出以社会力量为主导的趋势,政府部门则主要扮演了牵线搭桥、监督管理的角色,既能解决政府力量单薄无法满足人民群众公共服务需求的问题,又能充分发挥政府部门的优势。

政府购买公共服务有利于社会组织的健康发展。政府购买公共服务与社会组织发展相互交织、齐头并进。近年来,我国社会组织的数量虽然不断提升,但承接公共服务职能的能力似乎并不乐观。这从当前政府购买公共服务实践中,由于缺乏有效的公共服务承接市场,多采取定向委托的方式选定承接主体,运作并不规范上,可见一斑。实施公共服务购买项目,成为提高社会组织业务水准和生存能力的重要路径。短期内的倾向性扶持和培育虽然能够促进社会组织的发展,但却存在社会组织过分依赖政府的风险。竞争是最好的生长剂。当具备一定的社会组织规模之后,应当规范政府购买公共服务的实施程序,诚如国务院《指导意见》所言,充分发挥市场机制的作用,社会组织才能更加独立成熟。以XM市为例,HL区于2007年被民政部正式批准为全国社会工作人才队伍建设综合试点先行区,在大力培育和扶持社会工作机构的过程中,主要采取了政府购买公共服务的手段。相关的社工机构在实施一定的公共服务购买项目后,逐渐成长起来,并由被动等待政府给项目,发展为主动参与公共服务项目的承接竞争,存活能力和业务能力显著增强。此外,正如前文成本与效益分析部分所言,社会组织的发展也必然会对就业环境、社会公平正义等产生有益的影响。

政府购买公共服务有利于满足公民的公共服务需求,引导公民形成健康的生活方式。社会组织的专业优势决定了其能够有效地迎合公民的公共服务需求,也能在政府莫及的地方,提高公共服务资源的覆盖率,促进基本公共服务的均等化。政府购买社会工作服务就是典型的例子。社会工作服务多以社会弱势群体为服务对象。专业的社会工作人员能够有效地引导服务对象革新思想观念,改变生活态度,积极参与社会互动,停止不理性、不健康的行为,乐观面对生活,从而减少社会不安定因素。除了对服务对象的有益影响外,社会组织提供公共服务的普遍成效还能吸引更多的人积极参与志愿服务,形成社会互敬互爱互谅的氛围,提高整个社会的道德水平。

三、政府购买公共服务运作不够规范,亟须立法规制

尽管从 20 世纪 90 年代到现在,政府购买公共服务的试点范围不断扩大,实施框架已见雏形,但在经费预算、承接主体的选择、购买项目的实施乃至政府角色的定位都还存在不少问题。目前,无论是中央,还是地方,都纷纷出台了各种涉及政府购买公共服务的政策性文件,以指导具体实施,但这些规范性文件的概括性、原则性为政府实施公共服务购买项目留下了极大的自由裁量空间,必然无法有效规制政府购买公共服务活动。在政府购买公共服务作为创新公共服务供给模式的主要路径得到政策与实践的反复肯定且已具雏形、效果良好的情况下,予以法律化终究是必然(尽管还要考虑可行性问题)。

(一)项目经费预算缺乏统一标准

以 XM 市为例,目前,政府购买公共服务并无专门的财政资金支持,相关经费主要来源于部门预算,职能部门在申报公共服务购买项目的过程中也是一波三折,如 XM 市民政局所做的三个项目,即针对流浪未成年人、空巢老年人、寄养孤儿及家庭的社会工作服务购买项目,申报财政局批准的过程可谓曲折坎坷,耗时许久。究其原因,一方面,政府购买公共服务法律依据不足,财政部门不敢批准大规模的政府购买公共服务项目;另一方面,虽已经有不少政策性文件支持和鼓励政府购买公共服务,但由于公共服务的特殊性,如何计算特定公共服务的经费,如特定公共服务购买项目应当包括哪些具体的服务项目,各种服务项目如何计算成本,即是按时间,还是按质量等等,都缺乏统一的标准,项目预算审批只能谨慎从事,防止财政资金滥用。考察各省市的政府购买公共服务政策性文件,财政部门的主要职责在于统筹监督工作;建立健全政府购买公共服务制度;监督、指导各类购买主体依法开展购买服务工作;做好政府购买服务的资金管理、监督检查和绩效评价等。财政部门在政府购买公共服务的整个过程中扮演了极为重要的角色。尽管当前政府购买公共服务开展得如火如荼,经费预算缺乏统一的标准已成财政部门的最大忧虑,如果没有统一的法律规范予以规制,从长远来看,要么妨碍政府购买公共服务的迅速发展,要么伴随着政府购买公共服务迅速发展的必然是预算恣意性突出。经费预算不规范,亟须由法律规范设定统一的标准框架。

(二)购买范围界限不清,购买项目的确定存在恣意性

毋庸置疑的是,当前政府购买公共服务呈现出迅速扩张的趋势,这不仅体现在试点范围上,也表现在购买范围上面,已经逐渐扩张至大部分能够通过市场机制运作来实现服务供给的领域。以上海市为例,政府购买公共服务主要适用于以下 4 个领域:社区民生服务、行业性服务、社会公益服务、城市基础事务。遗憾的是,在缺乏统一公共服务购买指导目录的情况下(目前仅有少数省市制定),购买范围的设定颇显恣意,大部分地区在具体哪些公共服务需要购买上仍不够明晰。有学者直接指出当前公共服务购买可能存在泛化现象,"有的社会组织几乎所有费用都由政府一揽子买单,政府支付了一些本来不该支付的费用,甚至还有个别私人性服务"[①]。哪些公共服务需要政府购买一方面取决于该公共服务是否适合市场化的方式,另一方面取决于由社会力量提供公共服务是否比政府直接提供更好。调研显示,诸多部门对于哪些公共服务应当或者可以采取政府购买公共服务的方式存在一定困惑,有些部门直接强调采用政府购买公共服务的方式是为了节约行政成本,因而前提必须是由社会力量直接提供会产生更好的效益。反观当前涉及政府购买公共服务的规范性文件,除少数省市已经制定政府购买公共服务的指导性目录,并明确规定适宜采用政府购买形式的公共服务应具备的条件外,大多数实施政府购买公共服务的地区尚缺乏统一的规定。从好的方面看,这会为政府购买公共服务的迅速发展创造极大的伸缩空间,但从坏的方面看,长远来说,这为政府权力留下了极大的恣意空间,可能会背离政府购买公共服务的初衷。因此,立法规制

---

① 王浦劬,莱斯特·M.萨拉蒙,等.政府向社会组织购买公共服务研究——中国与全球经验分析[M].北京:北京大学出版社,2010:28.

购买服务范围,设定基本的政府购买公共服务指导性目录极为必要。

(三)购买与实施过程不够规范,公开性、公平性不足

尽管我国政府购买公共服务已经形成一套基本运作程序,但由于种种原因,部分地区的政府购买公共服务运作还不够规范。从购买项目的确定上看,往往缺乏充分的公众参与性,程序规制不足。从承接主体的确定来看,部分领域,尤其是社会工作服务方面,承接主体的选择多由政府部门直接指定,竞争性不强。就 XM 市而言,近年来,仅有 XY 街道社会工作服务项目通过招投标这种公开竞争形式确定承接主体。这一问题的出现存在多方面的原因,甚至可以说并非有些政府部门不想,而是不能。从购买项目的实施来看,承接主体存在一定程度的自主性不足。在社会工作服务方面,XM 市的购买项目多以社区为单位,承接主体与社区基层组织之间的关系成为购买项目能够顺利展开的关键,且项目经费中有一部分必须支付给社区基层组织,以要求其协助提供服务。从政府的角色定位来看,政府购买公共服务意味着政府部门由公共服务的直接供给者转变为公共服务供给的监督者和指导者,角色的转变决定了政府必须从具体的公共服务供给过程中抽身而出,转变角色观念,充分尊重承接主体的自主性。现实问题在于政府如何有效履行相关职责,尤其是如何充分履行合同管理和评估验收的职责,充分保障政府购买公共服务的成效。以 XM 市市级政府部门为对象的调研表明,职能部门在合同管理和评估验收上还存在不少问题,尤其是缺乏规范的配套制度。尽管当前政府购买公共服务活动收效明显,但程序上的不规范导致公开性、公平性不足,最终将破坏政府购买公共服务自身的正当性。立法予以规制,不仅能够保障政府购买公共服务运作的合法性,也能维护其正当性,从而有效规制政府权力,规范合同实施,保障公民的公共服务需求得到充分满足。

四、政府购买公共服务大势所趋,其他国家和地区普遍予以立法规制

从世界范围来看,政府购买公共服务兴起于 20 世纪 80 年代,在经历了探索期、蓬勃发展期之后,20 世纪末进入反思完善期。英国、法国、德国、荷兰、匈牙利、俄罗斯、澳大利亚、韩国、美国以及我国香港和台湾地区都存在普遍的政府购买公共服务活动。历经三四十年的发展,就实践效果来看,政府购买公共服务在回应公众服务需求、促进政府职能转变、发展社会组织上发挥了举足轻重的作用。许多国家也已经形成了颇为完善的政府购买公共服务法律体系。以美国为例,政府购买公共服务属于政府采购的一部分,国会和有关部门制定了 4000 多个与政府采购有关的法律法规,形成了以《联邦政府采购政

办公室法案》和《联邦政府采购条例》为核心的法律规范体系,统一了政府各机构的采购政策、标准、程序和方法。1979 年美国律师协会为了帮助美国各州建立经济有效的采购制度,特别编纂出版了《州和地方政府采购示范法》。欧盟地区则形成了以条约(TEU 和 TFEU)、二级立法、指令、WTO《政府采购协议》和其他国际协议、国内立法、欧洲法院和国内法庭的判例、欧委会和成员国的解释和指导为组成部分的政府采购法律体系,其中就政府购买公共服务而言,有着单行的服务指令,即《关于协调授予公共服务合同的程序的指令》。由此可见,在其他国家或地区,政府采购与政府购买公共服务之间的关系,非常明确——政府采购涵盖了政府购买公共服务,在政府采购法律的框架下,政府购买公共服务得到有效规制。在研究了世界主要国家政府购买公共服务实践后,王浦劬教授指出,政府购买公共服务"必须在一个适当的法律框架内进行才可持续。为此,国家及地方层面须采取一些适当的法规条例使之成为可能"①。

五、现有立法无法有效规范政府购买公共服务的运作,亟须就政府购买公共服务的特殊方面作专门规定

依前文关于政府购买公共服务合法性、必要性的分析,政府购买公共服务立法的重点在于购买流程的设置。从现有相关规范性文件来看,《政府采购法》构成了当下政府购买公共服务的主要法律依据,但不尽如人意的是,虽然《政府采购法》在某种程度上为政府购买公共服务提供了基本的运作框架,但由于公共服务本身的特殊性,就对政府购买公共服务的规制而言,《政府采购法》显然心有余而力不足。实践中出现的各种政府购买公共服务乱象,以及政府购买公共服务具体运作聚讼纷纭,说明了这一点。结合"政府购买公共服务立法与《政府采购法》的关系"部分的分析,现行《政府采购法》的问题在于,服务采购规定过于笼统概括、没有充分注意到服务购买的特殊性。

首先,公共服务作为无形的商品,无法像货物、工程采购那样直接采取价格标准,在承接主体的确定上会更加注重参与者的专业素质和服务能力;其次,根据政府购买公共服务的相关理论及实践,政府购买公共服务的兴起与发展很大程度上源于政府公共服务供给能力无法满足公民日益多元化且不断增长的公共服务需求。一方面,公共服务的专业性要求决定了政府购买公共服

---

① 王浦劬,莱斯特·M.萨拉蒙,等.政府向社会组织购买公共服务研究——中国与全球经验分析[M].北京:北京大学出版社,2010:296.

务需要设立专门的购买标准和评价体系,这包括如何制定公共服务购买的预算标准、如何评价承接主体提供的公共服务的质量等;另一方面,颇为重要的是,并非所有的公共服务都能通过政府购买形式提供,除了上文所提的考察公民需求这一标准外,还必须为政府能购买的和不能购买的划定明确的界限,防止政府购买公共服务沦陷为权力腐败之地。反观《政府采购法》的规定,对照之下,显然比较笼统和概括,并未触及政府购买公共服务的核心特点。最后,政府购买公共服务以人与人的互动为特征,必然在承接主体的选择上有着更独特的要求,甚至需要联动民政部门设定具体可行的承接主体评估标准。可延伸开来的是,政府购买公共服务对政府各部门之间的职责及互动有着自身的要求。统观《政府采购法》的规定,显然都无法获得直接有效的依据。

近年来关于《政府采购法》的讨论多体现在要求修改《政府采购法》以及制定政府采购法实施细则,但《政府采购法》始终未作修改,也未出台相应的实施细则。尽管如此,这并不意味着《政府采购法》已经非常完善,不需要修改。实践中,由于《政府采购法》在采购范围的确定、各部门职责的明晰、采购合同性质的合理性等方面备受质疑,因此,有观点认为,立法应当与时俱进,而非安于落后。《政府采购法》虽然可以作为政府购买公共服务的直接依据,但由于法律本身规定不够具体明确,未能充分考虑到服务自身的特殊性,还须进一步的细化,对服务采购的特殊面向作专门规定。

第五节　立法的可行性分析

一、政府购买公共服务已具备坚实的政策基础

创新公共服务供给模式,推进政府购买公共服务作为建设服务型政府、推进政府职能转变的重要途径,很早就已提上议事日程。概括地说,在 2000 年,民政部联合 11 部委在《关于加快实现社会福利社会化的意见》中提出了推进社会福利社会化的总体要求。2004 年的国务院《依法行政实施纲要》第 6 条规定:"……强化公共服务职能和公共服务意识,简化公共服务程序,降低公共服务成本,逐步建立统一、公开、公平、公正的现代公共服务体制。"2005 年以来,各地方政府相继出台了针对本地政府购买公共服务的"指导意见"或"暂行办法"。2006 年 5 月《国务院关于加强和改进社区服务工作的意见》更是明确提出要"进一步推进社会福利社会化","积极探索通过政府'购买服务'、项目

管理等多种形式,调动社会组织参与社区服务的积极性,促进公共服务社会化"。2009 年,九部委联合发布了《关于鼓励政府和企业发包促进我国服务外包产业发展的指导意见》。2012 年 3 月,温家宝总理在第十三次全国民政会议上首次提出"政府的事务性管理工作、适合通过市场和社会提供的公共服务,可以以恰当的方式交给社会组织、中介机构、社区等基层组织承担,降低服务成本,提供服务效率和质量"。同月,《中央财政支持社会组织参与社会服务项目公告》发布,决定以中央财政专项资金支持社会组织参与社会服务。2012 年 7 月,政府购买公共服务的公共服务供给方式纳入《国家基本公共服务体系"十二五"规划》。随后,2012 年 11 月的《民政部、财政部关于政府购买社会工作服务的指导意见》以及 2013 年 9 月的《国务院办公厅关于政府向社会力量购买服务的指导意见》则对政府购买公共服务作出了更为细致的规定。此后,十八届三中全会进一步明确,"推广政府购买服务,凡属事务性管理服务,原则上都要引入竞争机制,通过合同、委托等方式向社会购买"。我国政府购买公共服务逐渐走向规范化、制度化。财政部发布的《2014 年政府采购工作要点》中更是指出:"积极推进政府购买服务工作:制定推进和规范服务项目政府采购工作的相关措施,鼓励各地积极开展政府购买服务试点。在对服务项目需求进行科学分类的基础上,按照方式灵活、程序简便、竞争有效、结果评价的原则组织开展政府购买服务工作。同时,围绕财政支出保障重点,继续推进政府采购扩面增量工作。"

地方层面上,以 XM 市为例。政府购买公共服务这种市场化配置公共资源的方式早在 2005 年就已扎根发芽,更是于 2006 年 8 月颁布《关于进一步深化行政资源和社会公共资源配置市场化改革的实施方案》,公共资源市场化配置改革工作取得明显的成效。基于公共资源市场化配置的实践经验,XM 市政府购买公共服务逐渐大规模开展起来,由点及面,自下而上,公共服务供给图景焕然一新。尤其是 2008 年以来,XM 市各政府机构纷纷出台相关实施意见指导政府购买公共服务的有效开展。这些实施或指导意见不约而同地将政府购买公共服务作为推进社会服务体系建构和发展的良方。基于地方实践与规范层面的不断发展和细化,XM 市民政局和财政局于 2013 年联合发布《XM 市政府购买和资助社会工作服务实施办法(试行)》,系统指导 XM 市政府购买社会工作服务实践的展开。2014 年 4 月,XM 市政府常务会议研究通过了《关于推进政府购买服务工作的实施意见》,进一步明确了 XM 市政府购买公共服务的发展图景。

二、政府购买公共服务实施效果良好,虽颇受认可但认识上仍有偏差

我国的政府购买公共服务兴起于 20 世纪末的上海市浦东新区。经过近二十年的探索,上海市的政府购买公共服务迅速发展,遍及居家养老、义务教育、就业、医疗卫生、社区文化、行业性服务等多个领域,成效显著,且积累了丰富的经验。以 HL 区为先导,XM 市各区均在部分公共服务领域开展向社会购买服务,例如 HC 区实施政府购买服务的领域主要体现在社会事业方面、经济发展和管理方面、城市管理行政执法方面。政府购买公共服务在实践中取得了良好的效果,不仅政府部门多表示在符合相关条件的情况下,会考虑采用购买的形式促进公共服务供给,社会力量也表现出对政府购买公共服务的浓厚兴趣。这说明,政府购买公共服务已经得到普遍的认可。

然而,部分政府部门对政府购买公共服务的认识存在一定问题。调研表明,行政部门对于政府购买公共服务的概念、公共服务的概念以及政府购买公共服务与政府采购之关系的认识还存在一定偏差,在政府购买公共服务如火如荼的今天,需要理论以及立法予以理清。此外,虽然已经接受政府购买公共服务的公民普遍认可此种方式,但由于公民对社会组织的了解并不多,社会组织在提供公共服务时往往需要花费大量的时间获得公民的信赖。

三、政府购买公共服务的运作渐趋规范化,逐渐形成一套基本运作框架

就现有的政府购买公共服务规范而言,除宁波市以政府规章形式出台服务外包规定外,其他多为一般规范性文件,政府购买公共服务很大程度上仍处于政策推动阶段。尽管如此,考察这些规范性文件的内容,可以发现,我国政府购买公共服务运作的规范化趋势明显,而且相关的配套制度也在逐渐建立。至少从 2004 年起,我国部分地区就已经开始出现试图将政府购买特定类型的公共服务规范化的努力,尤其是近几年来,规范化的趋势越来越明显。政府购买公共服务的适用范围不断扩大:购买对象上,延及整个公共服务层面,有些地区开始制定政府购买公共服务指导性目录;购买主体上,呈现出由中央到地方的普遍支持与参与;承接主体上,扩及有资质承担公共服务的所有社会力量。从内容上来说,各地规定具有很大的统一性,关于政府购买公共服务的一般规定多注重从购买主体、承接主体、购买范围、购买与实施等角度出发,明确政府购买公共服务的基本运作框架,指导实践运作。从政府、社会力量、社会公众三方角色出发,结合当前的规范和实践,政府购买公共服务的基本运作框架如前文图 1-2 所示。一些较早试点政府购买公共服务的地区,其运作更为

规范、系统,如上海市杨浦区。

XM市在近些年的政府购买公共服务中,尤其在社会工作服务领域,也基本上形成了一套运作模式,多遵循以下步骤:

(1)编制预算。根据XM市的经济社会发展水平以及社会公众的服务需求确定应当通过购买实现的社会工作服务项目的数量、规模,编制相应的预算报财政局审批。就此而言,无论是民政部门,还是财政部门都普遍反映缺乏统一的标准以合理有效地厘定服务价格,因而,如市级层面三个社会工作购买项目在财政审批阶段颇费周折。

(2)组织购买。实践中多通过定向购买的方式,确定承接主体,且承接主体多为政府自己扶持、培育的社会工作机构。以HL区为例,区民政局将政府所需购买的社会工作服务通过区政府网站或其他媒体向社会公布招标或招募邀请书,一般在接受机构申请前30个工作日,其内容包括:政府购买服务项目的名称;申报项目的内容及范围;实施项目的总体资金规模;申请人的资质、条件及申请时需提供的有关材料;受理的起始和截止时间、受理地址或网站、咨询联系方式等;其他需公布的信息。但实践中的运作似乎颇不尽如人意,如前所述,在针对承接主体的调研中,部分承接主体即反映政府购买公共服务的信息不够公开、透明。

(3)签订合同。购买主体与承接主体就购买服务的范围、数量、质量要求以及服务期限、资金支付方式、违约责任等内容缔结合同。在HL区的购买运作中,还要求在承接主体提交的服务方案中明确机构提供服务的范畴,服务方案作为合同附件,服务合同一年一签。

(4)指导实施。由财政和民政部门负责下拨购买经费,指导、督促服务承接主体严格履行合同义务,按时完成服务项目任务,保证服务数量、质量和效果。以HL区为例,区民政局牵头协调,保证及时下拨购买经费,同时定期组织项目情况汇报会,监督指导项目实施。市民政局的三个项目的监督与评估验收,则主要委托给XM市社会工作协会开展,并准备制定《XM市政府购买社会工作服务评估实施办法》。

四、政府购买公共服务的相关配套制度处于不断摸索建设中

政府购买公共服务的实施有赖于相关配套制度的建立,尤其如相关部门协调配合机制、承接主体资质评估制度、项目实施评估制度等等。所谓相关部门协调配合机制指的是各政府部门职责明确,相互协调,促进政府购买公共服务项目的实施。综合各省市的相关规定,当前各政府部门在政府购买公共服

务上的职责分工如表1-7所示:

表1-7 政府部门职责分工

财政部门	统筹监督工作:建立健全政府购买服务制度,监督、指导各类购买主体依法开展购买服务工作,做好政府购买服务的资金管理、监督检查和绩效评价等工作。
民政、工商、行业主管部门	各司其职,协助公共服务购买的顺利进行。按照职责分工,将承接政府购买服务行为纳入年检、评估、执法等监管体系。社会组织登记管理机关负责核实社会组织的资质及相关条件,向购买主体提供社会组织名录。
监督部门	监察、审计部门负责对政府购买服务工作和资金使用情况进行监督、审计。
具体职能部门	负责购买服务的具体组织实施,建立健全内部监督管理制度,公开本部门经批准的政府购买服务事项,对承接主体提供的服务进行跟踪监督,在项目完成后组织考核评估和验收。

政府购买公共服务是一项需要各部门联动配合的综合工程。其中,财政部门的作用尤为重要。实践中,政府购买公共服务推行的掣肘之处也往往在于财政预算这一环节,如 XM 市民政局开展的三个项目在申报预算时就几经波折。近年来,财政部门对于政府购买公共服务也是关注有加。自 2007 年以来,财政部共单独或联合发文 5 次,就政府购买公共服务作出规定,相关内容遍及政府购买公共服务的各个方面。特别是,2014 年 4 月 14 日,财政部对政府购买公共服务的预算管理问题作出规定,进一步扫清了项目实施过程中首要障碍。据其规定,财政部门要"妥善安排购买服务所需资金、健全购买服务预算管理体系、强化购买服务预算执行监控、推进购买服务预算信息公开、实施购买服务预算绩效评价、严格购买服务资金监督检查"。又如,购买范围的确定上,近年来有些省市的财政部门已经主导出台购买指导目录,如《2014 年天津市政府向社会力量购买服务指导性目录》《佛山市级政府向社会组织购买服务指导目录(第一批)》等。民政部门除了组织职责范围内的政府购买公共服务活动,还承担了提供具备资质的社会组织名录的责任。事实上,随着2010 年《社会组织评估管理办法》的颁布以及 2011 年各类社会组织评估指标的出台,我国已经具备了较为制度化的社会组织评估制度。以 XM 市为例,2012 年,市民政局出台《关于开展社会组织评估工作的实施意见》,后为了配

合政府购买公共服务的有效实施,初步编制并明确了第一批具有资质条件承接政府转移职能和购买服务的社会组织。除此之外,部分省市也开始建立了卓有成效的项目评估制度,如《广州市政府购买社会服务评估人员名单数据库管理办法(试行)》《杨浦区政府购买社会组织公共服务项目绩效评估办法(试行)》等。从这些配套制度的建立来看,在政府购买公共服务运作相对比较成熟的地方,各部门之间实际上正逐渐形成较为默契的联动合作关系,以保证政府购买公共服务的有效运作。

五、政府购买公共服务的主要困境在于社会组织发展不够成熟

正如前文反复强调的,政府购买公共服务有效运作部分取决于一个公共服务承接市场的存在,也就是说,当政府决定将部分原来直接提供的公共服务开放给社会力量后,有广泛的社会力量愿意且能够承担起供给公共服务的职能。因此,社会力量,尤其是社会组织的发展程度成为关键。

(一)社会组织发展概况

改革开放以来,我国社会组织深受国家政策的影响,发展历程一波三折,但速度一直很快。中央层面上,从 1999 年开始,每年新增社会组织的数量大致以每年 30% 的增长率递增至今。一些组织因政府采购走上更多与政府合作的新路,并成功实现治理创新,更多的年轻人、专业人才投入到公益创业中。[①] 政策推动之下,社会组织规模不断扩张,其活动领域也呈现出多元化的趋势。截至 2013 年 6 月底,全国依法登记的社会组织有 50.67 万个,其中社会团体 27.3 万个,民办非企业单位 23.0 万个,基金会 3713 个,从业人员达1200 万。[②] 其中,截止到 2012 年,民办社会工作机构有 1000 多家。[③] 地方层面上,以 XM 市为例,截至 2013 年底,XM 市登记备案的社会组织有 2480 个:社会团体 1065 个(市级 610 个,区级 455 个);民办非企业单位 926 个(市级277 个,区级 699 个);备案社区社会组织 471 个;登记的台湾经贸社团在 XM市的代表机构 13 个;基金会 5 个。其中民办社会工作服务机构有 11 家。

---

① 王名.社会组织概论[M].北京:中国社会出版社,2010:80-88.

② 新华网.简政放权开启社会组织改革大幕——专访民政部民间组织管理局负责人[EB/OL]. 2013-10-23 [2014-06-08]. http://news. xinhuanet. com/2013/10/23/c_117838385. htm.

③ 中华人民共和国民政部. 中国现有 1000 多所民办社会工作服务机构[EB/OL]. 2012-12-21[2014-06-08]. http://www. mca. gov. cn/article/mxht/mtgz/201212/20121200397785. shtml.

经过多年的发展,我国社会组织整体实力不断增强,在社会经济发展中发挥了积极作用。在社会效益上,社会组织成为扩大就业新途径,以年末职工人数为例,2006年年底全国社会组织职工人数为425.2万人,到2011年年底达到599.3万人;在2012年年底,社会组织吸纳社会各类人员就业达到613.3万人。在经济效益上,社会组织实现的增加值,也由2006年的112.17亿增加至2012年的525.6亿元,虽然略有波动,但足以看出社会组织的经济潜力。① 在公共服务的提供上,因其具有的专业性与高效率,更是倍受推崇。社会组织的迅速发展促进了公共服务供给结构的变化,打破了政府垄断的局面,也为政府职能转移创造了社会基础。

尽管如此,社会组织自身也仍存在一些亟须解决与克服的问题。首先且最重要的是,社会组织的角色定位存在问题。一方面,政府与社会组织的关系暧昧不清,"目前我国绝大多数社会服务仍然是由政府单方面提供的,并且政府掌管着社会组织的生死大权,社会组织的发展离不开政府的推动和影响。因此,中国的社会组织'先天'就与政府不是'平等关系',而是一种'依附关系'。在某种程度上,社会组织必须顺从政府的'指示',否则便无法'生存'"②。另一方面,公众对于社会组织的认可度不高,社会组织存在"信任危机"。原因之一在于大多数社会组织往往由政府扶持成立,非自愿结社,组织自身的利益往往与政府的利益勾连在一起,加之一些社会组织自身运作的行政化、官僚化,以及缺乏自律机制,相应的监督制约机制缺失。其次,公众对社会组织了解不多,关于社会组织的宣传不够,也是原因所在。如社会工作机构社工服务的展开系直接与社会公众打交道,但由于公众了解不多,实践中也是步履维艰。再次,从社会组织活动分布领域来看,尽管我国社会组织已经渗透入社会生活的方方面面,尤其是教育、卫生、文化、体育、社会服务等领域,但社会组织在参与公共服务的过程中,除了前述普遍性问题,仍然存在一些不足,尤其是在资金、人才、制度建设等方面。资金方面,当前社会组织的资金来源以政府提供的财政拨款和补贴为主,筹资能力有限,经费短缺,无足够的资金开展各种项目和活动去实现组织的使命,满足社会的公益需求。③ 人员构成上,以大学专科学历为主;具备职业资格的专业化人才缺乏,年龄呈现大龄化

---

① 黄晓勇.中国民间组织报告(2013年)[M].北京:社会科学文献出版社,2013:9.

② 文军.中国社会组织发展的角色困境及其出路[J].江苏行政学院学报,2012(1).

③ 罗鹏鸥.我国社会组织发展困境及其对策研究[D].长沙:湖南大学,2010.

现象,年龄多在 35 周岁以上。许多社会组织从业人员工资少,待遇低,办公条件差,职业发展前景不明,对优秀人才吸引力不强,从而影响到社会组织的整体素质和能力。此外,由于尚无健全的志愿服务制度,志愿者数量、质量及其权益缺乏保证。制度建设方面,当前我国并没有形成较为统一、完善的社会组织参与公共服务制度,"师出无名"或许是社会组织进入公共服务领域普遍担忧之处;社会组织自身的发展仍掩映在政府的"呵护"之下,独立性不够强,自我生存能力弱,这在政府购买社会组织公共服务过程中表现得非常明显。

(二)社会组织在承接公共服务方面的问题及对策

如前所述,自改革开放以来,我国社会组织获得了长足发展,数量大幅增加,分布领域也越来越广泛,但从社会组织自身的构成来看,专业人才仍然比较缺乏;从社会组织的类型来看,能够从事直接关系到公民生存和心理状态的社会工作服务的社工机构仍然不足。正是业务能力与发展程度上存在的问题导致了政府与社会组织之间的关系颇为微妙,直接影响了政府购买公共服务的有效展开。实践中,有相当一部分社会组织实际上并非独立成长的社会组织,而是作为购买者的地方政府发起或者倡导成立或针对特定公共服务购买项目专门成立的社会组织。这种模式能够促进社会组织的迅速发展,但也必然导致社会组织在很大程度上成为政府部门的延伸,购买行为进而也带有"内部行为"的色彩。[①]

以 XM 市为例,经过 6 年左右的发展,XM 市目前共有 11 家社会工作服务机构,如表 1-8 所示。这 11 家社会机构中 8 家系在 HL 区登记注册,实际上系由 HL 区扶持培育而成。社会工作服务机构不仅数量少,而且分布不均衡。就 11 家社会工作机构的服务范围而言,各有专攻,目前不可能形成相互竞争、促进发展的局面。由于大部分服务机构都是在近两年内成立,尚未具备了比较成熟的运作机制。总体而言,XM 市的社会工作服务机构数量较少,发展时间较短,实践经验尚不足,社工队伍比较年轻,还需要依靠政府的大力支持。尽管政府部门与社工组织都对前述问题毋庸讳言,但从长远角度看,总的趋势还是,社会工作服务机构本身要走出去,主动发展自身,而不能被动地等待政府的扶持。

---

① 王浦劬,莱斯特·M.萨拉蒙,等.政府向社会组织购买公共服务研究——中国与全球经验分析[M].北京:北京大学出版社,2010:29.

表 1-8　XM 市社会工作服务机构情况

序号	机构名称	服务范围	成立时间
1	HL 区 XH 老年社会服务中心	社区综合养老服务	2011.6
2	HL 区 BA 社工服务中心	残疾人社区社会工作服务	2012.4
3	HL 区 HX 社工师事务所	残疾人社区社会工作服务,社会工作服务评估	2011.10
4	HL 区 RX 工友服务中心	外来工服务,关爱流浪儿童	2007.11
5	HL 区 XW 社工服务中心	关爱单亲家庭、亲子沟通交流	2009.12
6	XM 市"温馨夕阳"咨询服务中心	为 XM 市"2012999'温馨夕阳'老年服务热线"提供志愿咨询服务;为有困难的人群提供公益性咨询服务;在社区开展老年社会工作服务。	2010.8
7	SM 区 QXQ 社会工作师事务中心	寄养孤儿及家庭、智障者及其照顾者、社区服务(空巢老人、未成年人)	2011.6
8	HL 区 KX 社工服务中心	社区社会工作	2013.9
9	HL 区 ZH 社工事务所	企业社会工作服务、学校社会工作服务和对台社工交流合作	2013.8
10	HL 区 PS 社会服务中心	为有需要的个人、家庭及社会群体提供专业的社工服务	2013.10
11	HC 区 QXQ 社会工作事务中心	提供社会工作咨询、辅导、服务,开展社会工作课题研究、宣传、学术交流、知识培训、承接社会工作服务项目	2013.5

　　社会组织发展客观上存在的这些问题,必然会影响政府购买公共服务的有效运作,从当前政府购买公共服务规范性欠缺上可见一斑。不过,近年来,伴随着政府购买公共服务的日新月异,社会组织发展层面的政策也陆续出台,一些社会组织在政策扶持与自身努力之下也逐渐独立成长起来。2012 年,中央组织部、中央政法委、中央编办、民政部等 19 部门颁布的《社会工作专业人才队伍建设中长期规划(2011—2020)》提出,大力实施民办社会工作服务机构孵化基地建设工程,逐步建立 50 个国家级民办社会工作服务机构孵化基地,到 2020 年,培育发展 8 万家民办社会工作服务机构。随着社会工作机构的迅速成长,一些地方的政府购买公共服务项目的运作愈加规范,如上海市福利彩票公益金资助项目严格实施公益招投标。从 XM 市社工机构近两年的发展来看,服务项目渐趋多元化,一些社工机构已经开始出现以某一领域为主攻,参与其他服务领域的综合发展趋势。政府扶持与社工机构独立发展相结合,也成为 XM 市当前社会工作机构发展的特点。除了政府"给"的服务项目之外,部分社会工作服务机构开始寻求其他社会力量的支持,如寻求社会捐助,或者积极参与其他基金的服务购买项目。

因此,尽管社会组织走向成熟,足以承担公共服务供给职能仍需时日,但从当前发展趋势来说,从中央到地方已经逐步探索出一条提升社会组织质量的道路。政府购买公共服务与社会组织的成熟化相辅相成,虽然短期内为了便利社会组织的发展,需要为其留有一定的政策空间,但随着社会组织的不断发展,尤其社会工作机构的迅速成长,最终定能实现政府购买公共服务的规范有序、公平公正运作。

六、政府购买公共服务总体处于初级阶段,发展不平衡

总体来看,政府购买公共服务在我国已经有近二十年的历史。尽管近年来,政府购买公共服务的范围不断扩张,中央层面也不断出台文件推动政府购买公共服务的发展,但各地实施情况不一,即使在同一地方的不同区域,也仍然存在发展不平衡的问题。根据前文所收集到的直接涉及政府购买公共服务的规范性文件,政府购买公共服务以珠三角和长三角地区为盛行,其他地方政府购买公共服务才渐次展开,不如前两个区域发展成熟。结合实践,从资金投入的角度来看,较早试水政府购买公共服务的地方,如上海、广州等,仅社会工作服务一项或可达上亿元,而其他地区,尤其内陆地区,政府购买公共服务的投入可能不及前述地方万一。以 XM 市为例,政府购买社会工作服务的资金投入也仅在 1000 万元左右。除此之外,即使在上海市这样政府购买公共服务运作比较成熟的地方,也存在资金分配不均衡的问题,如基础设施的资金投入量大,经济比较充裕的区县投入比较多。从社会组织发展程度对政府购买公共服务的影响出发,社会组织,尤其社会工作机构的地域分布也存在不均衡的问题。根据中国社会组织网提供的 2009 年社会团体部分发展数据,至少在受教育程度上,东部沿海地区要高于内陆地区。以北京市、上海市、广东省、山东省、广西壮族自治区、贵州省、湖北省、陕西省、重庆市为例,如图 1-4 所示:

就 XM 市的政府购买社会工作服务而言,除了资金投入上的不平衡外,购买主体上,市级政府当前并未广泛参与到其中,多以区级政府购买为主;社会工作机构分布上主要集中于 HL 区。从公共服务所具有的地域性特征出发,本地成长起来的社会工作服务机构似乎能够更好地迎合公民的公共服务需求,这仍然会影响政府购买公共服务顺利实施。部分承接主体虽然认可立法设定统一标准的必要性,但对于当下是否应当统一立法,则众说纷纭。有些社会组织认为,统一立法、规范公共服务购买程序,有利于保证政府购买公共服务的公开性、公正性;有些社会组织则担心自己目前还不具有独立发展的能力,一旦离开政府的扶持,投身市场,可能面临半路夭折的风险。

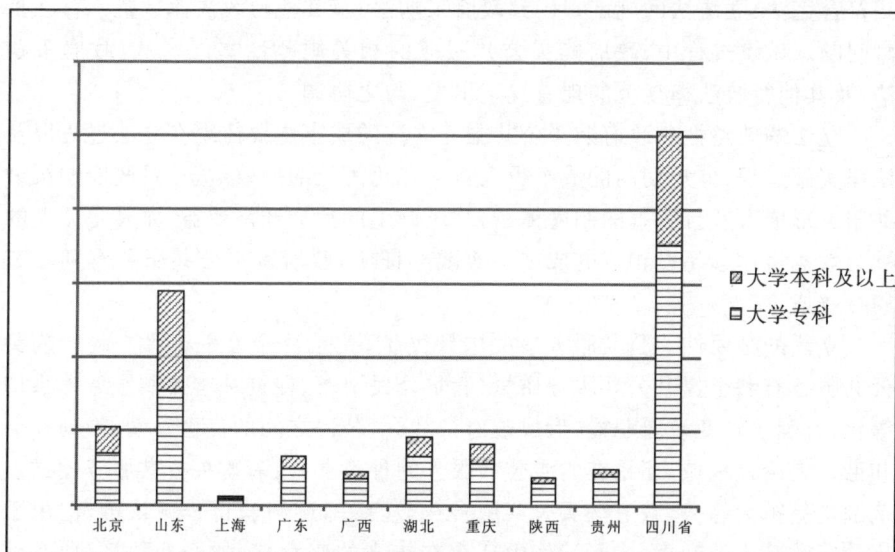

图 1-4 2009 年社会团体成员受教育程度情况

因之,尽管有着近二十年的试点探索,也积累了较为丰富的经验,但政府购买公共服务本身存在不少问题,社会组织若要有效参与其中,还需要一定的试错空间;配套制度的建设虽然已经燃起星星之火,但还有很长的路要走;各地之间发展不平衡也不利于立法项目的实施,立法项目的可行性还有待提高。

结论及建议

基于对 XM 市政府购买公共服务的调研结果,结合全国范围内政府购买公共服务的总体现状,前文从立法的合法性、立法的效益性、立法的必要性及可行性等四个方面出发,对政府购买公共服务的立法问题作出了分析。立法的合法性与立法的效益性决定了是否应该立法,立法的必要性及可行性决定了何时需要立法,只有在肯定了立法的必要性之后,才存在立法时机的选择问题。

一、基本结论

立法的合法性。中央层面,以国务院为主导,对政府购买公共服务统一立法符合宪法、立法法的规定,且与《政府采购法》及其他行政法律规范不存在抵触问题。试点过程中,政府购买公共服务的相关规范性文件多从《政府采购法》及其他行政法律规范的现有规定出发,与之协调。

立法的效益性。政府购买公共服务立法的成本主要体现在立法过程以及法律实施过程,但短期内的成本投入将会转化为长期的效益,一旦政府购买公共服务形成有效且完善的制度体系,其所产生的社会经济效益,尤其是无形的社会效益将远远超过相应的成本。实践亦证明,政府购买公共服务有利于节约行政成本。

立法的必要性。公共服务事关国计民生,关系社会公平正义。政府购买公共服务有利于提升公共服务质量、满足公民要求、促进基本公共服务体系均等化;有利于转变政府职能、形成政府与社会、公民之间的良性互动,推动社会和谐。无论在地域,还是在购买公共服务的种类上,政府购买公共服务的试点范围均呈扩大趋势,政府购买公共服务成效良好,逐渐获得普遍认可,但由于当前以政策推动为主,实际运作中还存在较多的恣意性,如经费预算、项目设定、购买程序、评估验收等,且部分政府部门还存在认识偏差,这些都亟须以立法的形式确定下来,以有效规制政府的购买行为。

立法的可行性。经过近二十年的探索,从中央到地方,政府购买公共服务备受推崇,具备了坚固的政策和社会基础。较早"试水"政府购买公共服务的地区多已形成一套颇为系统的运作框架,相关的配套制度也不断建立起来。这些都为政府购买公共服务立法提供了丰富的基础资料。尽管如此,政府购买公共服务立法还存在一定的障碍。首先,能否形成有效的承接主体市场关系到政府购买公共服务的公开、公平与公正,但总体看来,当前社会组织发展显然不够成熟,尤其是业务能力有待提升,已经实施政府购买公共服务的地方,部分因为社会工作服务机构数量少、业务能力尚显薄弱,呈现出政府购买公共服务与社会工作机构培育并行的局面。政府购买公共服务运作还不够规范,必然会影响政府购买公共服务立法。其次,各地政府购买公共服务,无论在购买规模、购买范围,还是社会组织发展程度、配套制度建设情况等方面,发展很不平衡,也会影响全国统一立法实施的有效性。

为明确起见,政府购买公共服务立法的必要性与可行性,如表1-9所示。因此,尽管政府购买公共服务立法具备合法性、效益性和必要性,但却面临着可行性不足的问题,立法时机尚欠成熟。一方面,政府购买公共服务如火如荼,相关问题逐渐显现,亟须立法规制;另一方面,主要由于社会力量发展不成熟,政府购买公共服务立法项目的可行性还有待提高,如何处理这两者之间的关系是当前考虑政府购买公共服务立法选择的关键。

表 1-9　政府购买公共服务立法的必要性与可行性

必要性		可行性	
政府购买公共服务需要全国统一立法		有利因素	政府购买公共服务已具备坚实的政策基础
政府购买公共服务对于经济社会发展的意义	有利于规范政府职能转变,优化公共服务资源配置		
	有利于社会组织的健康发展		政府购买公共服务实施效果良好
	有利于满足公民的公共服务需求,引导公民形成健康的生活方式		政府购买公共服务的运作渐趋规范化,逐渐形成一套基本运作框架
政府购买公共服务运作不够规范,亟须立法规制	项目经费预算缺乏统一标准	不利因素	政府、社会等对政府购买公共服务的认识存在偏差
	购买范围界限不清,购买项目的确定存在恣意性		政府购买公共服务的相关配套制度处于不断摸索建设中
	购买与实施过程不够规范,公开性、公平性不足		政府购买公共服务的主要困境在于社会组织发展不够成熟
政府购买公共服务大势所趋,其他国家和地区普遍予以立法规制			
现有立法无法有效规范政府购买公共服务的运作,亟须就政府购买公共服务的特殊方面作专门规定			政府购买公共服务总体处于初级阶段,发展不平衡

二、基本建议

结合前文对立法合法性、效益性、必要性、可行性的分析,至少有两种立法路径可以选择:第一种路径以政府购买公共服务立法与《政府采购法》的关系为视角,当前政府购买公共服务实践及规范性文件均是在《政府采购法》的框架下展开,在《政府采购法》不做修改的情况下,国务院可以先行制定《政府采购法》实施细则,在其中,结合服务的特殊性,对政府采购服务作出规定,包括明确列举服务的范围、对承接主体(供应商)的特别要求、服务采购的评价机制等;第二种路径考虑到国家层面立法在当前存在的诸多障碍,可以先由享有地方立法权的地方结合自身实际,采取地方立法先行的方式,一方面为各地的政府购买公共服务工作提供明确的法源依据,另一方面也为今后国家统一立法积累理论和实践上的经验。

第二种路径就是要建立完整的地方政府购买公共服务体系。首先,立法过程中需要注意以下问题:(1)要正确界定政府购买公共服务的概念。明确购买主体的范围;确定承接主体的资质要求;厘定公共服务的购买范围,要求制定统一的政府购买公共服务指导目录。(2)要合理设计政府购买公共服务的程序。明确公共服务购买项目的设定程序、经费预算程序、承接主体的确定程序、项目实施和监督评估程序,保证政府购买公共服务活动的公开、公正、公平性。(3)要建立政府购买公共服务合同管理制度。明确购买主体与承接主体之间的合同权利义务关系,健全合同的签订、履行、变更、中止、终止等制度。(4)要恰当协调政府购买公共服务与《政府采购法》之间的关系。政府购买公共服务立法应当在《政府采购法》的框架下展开,《政府采购法》可以适用的应当予以适用,并充分考虑公共服务的特殊性。

其次,从具体内容上看,政府购买公共服务立法大致可以从购买主体、承接主体、购买范围、购买与实施过程等方面作规定。结合已有规范以及实践情况,可就政府购买公共服务立法作如表 1-10 初步规定,以供参考:

表 1-10　政府购买公共服务立法的基本内容

第一章 总则	第一条【立法目的和依据】 为了规范政府购买公共服务行为,提高公共服务的效率和品质,建设服务型政府,根据《中华人民共和国政府采购法》及相关法律、法规的规定,结合本市实际,制定本规定。 第二条【概念】 本规定所称政府购买公共服务,是指政府将由其直接提供的且适于市场化的公共服务,以合同方式交由具备资质的社会力量承担,并按照服务数量和质量支付费用的公共服务供给方式。 第三条【政府购买公共服务的原则】 政府购买公共服务应当坚持公开透明原则、公平竞争原则、公正原则、诚实信用原则。 第四条【供应商的参与保障】 任何符合条件的供应商都可以参加政府购买公共服务,任何单位和个人不得采用任何方式,阻挠和限制供应商进入政府购买公共服务市场。 第五条【职责分工】 市、区财政部门是本市政府购买公共服务的主管部门,其他相关部门在各自职责范围内做好政府购买公共服务的相关工作。 第六条【政府对社会力量的培育】 市、区人民政府应当积极支持社会力量的培育和发展,鼓励具备资质的社会力量参与政府购买公共服务活动。

续表

第二章 政府购买公共服务的范围	第七条【采购人范围】 政府购买公共服务的采购人是指各级行政单位和参照公务员法管理、具有行政管理职能的事业单位。 其他利用财政经费履行公共服务职能的组织,可以根据实际需要,通过购买方式提供公共服务。 第八条【供应商条件】 政府购买公共服务的供应商除应符合《中华人民共和国政府采购法》第二十二条的规定外,还应具备下列条件之一: (一)依法在民政部门登记成立或经国务院批准免予登记的社会组织; (二)依法在工商管理或行业主管部门登记成立的企业、机构等社会力量。 社会组织在参与政府购买公共服务活动前三年内无重大违纪行为且获得3A以上评估等级的,可优先获得政府购买公共服务资格。 采购人可以根据政府购买公共服务项目的特殊要求,规定供应商的特定条件,但不得以不合理的条件对供应商实施差别待遇或歧视待遇。 第九条【供应商信息管理平台】 财政部门以及其他相关部门应当协同建立供应商信息管理平台,开放注册并公开供应商的资质信息,建立政府购买公共服务不诚信名单。 第十条【公共服务范围】 下列事项可以实行政府购买公共服务: (一)基本公共服务事项,如公共教育类、公共文化类、公共体育类、公共就业服务类、人才服务类、社会保险类、社会救助类、养老服务类、残疾人基本公共服务类、基本医疗卫生类、人口和计划生育服务类、基本住房保障类、公共安全类、资源环境类; (二)社会管理服务事项,如社会组织管理类、社区事务类、法律援助类、优抚安置服务类、慈善救济及公益服务类、人民调解类、社区矫正类、安置帮教类; (三)行业管理和协调事项,如行业规划类、行业规范类、行业调查及统计分析类、行业资格认定及培训类、行业投诉处理类、科技创新体系建设类; (四)技术服务事项,如科研服务类、检验/检疫/检测类,监测服务类、工程管理服务类、公共资产管理服务类; (五)其他具有公共性和公益性且适宜由社会力量承担的公共服务事项。 第十一条【政府购买公共服务指导性目录】 财政部门应当根据经济发展水平和社会需求,研究并制定年度政府购买公共服务指导性目录,明确必须与可以实施政府购买公共服务的范围。 第十二条【不得实施政府购买公共服务的范围】 下列事项不得实行政府购买公共服务: (一)涉及国家安全、保密事项、司法审判的; (二)行政处罚、行政许可、行政检查、行政收费、行政确认、行政征收征用、行政强制等须由政府直接实施的; (三)不属于政府职能范围内的; (四)法律、法规明确规定的其他事项。

续表

第三章 政府购买公共服务的程序	第十三条【政府购买公共服务的决策要求】 采购人应当加强社会调查,通过各种方式听取公民意见,了解公民需求,实现政府购买公共服务的民主、科学决策。 第十四条【购买计划】 采购人实施政府购买公共服务的,应当根据当年政府购买公共服务指导性目录,制定购买计划,报同级财政部门审批。 购买计划应当包括以下内容: (一)购买的内容及依据; (二)对供应商的基本要求; (三)经费预算; (四)公共服务的数量和质量要求; (五)监督和评估方式; (六)其他相关内容。 第十五条【信息公开】 政府购买公共服务的所有相关信息均应在市政府采购网等公共媒体发布,但涉及国家秘密、商业秘密的除外。 第十六条【采购方式】 政府购买公共服务采用以下方式: (一)公开招标; (二)邀请招标; (三)竞争性谈判; (四)单一来源采购; (五)国家有关部门认定的其他方式。 公开招标是政府购买公共服务的主要方式。 财政部门应当明确必须采用公开招标方式的政府购买公共服务事项。对于必须公开招标的事项,采购人不得以任何方式规避。 第十七条【采购方式的确定】 采购人根据政府购买公共服务项目需求的特点,选择采购方式。 采购人根据《政府采购法》第二十七条的规定,选择公开招标以外的采购方式的,财政部门应当根据情况简化审批程序,但不得违反国家和本规定的禁止性规定。 第十八条【采购人的资格审查权】 采购人应当根据本规定第八条的要求,对供应商的资格进行审查,且可以要求供应商提供有关资质证明文件和业绩情况。 第十九条【政府购买公共服务的联合形式】 两个以上的供应商可以组成一个联合体,以一个供应商的身份参与政府购买公共服务。 以联合体形式参加政府购买公共服务的,各供应商均应具备本规定第八条规定的条件,并应向采购人提交联合协议,载明联合体各方的权利与义务。联合体各方应当共同与采购人签订合同,就合同约定的事项承担连带责任。 第二十条【采购措施的变通】 对于有服务区域范围要求、但本地区供应商无法形成有效竞争的政府购买公共服务项目,采购人可以采取将大额项目拆分采购、新增项目向其他供应商采购等措施。

续表

第三章 政府购买公共服务的程序	第二十一条【政府购买公共服务合同的签订】　采购人与中标、成交的供应商应当在中标、成交通知书发出之日起三十日内，按照采购文件确定的事项签订政府购买公共服务合同。 　　政府购买公共服务合同的内容按照政府购买公共服务有关文件所记载的事项确定，至少应当明确服务内容、标准、期限、双方的权利义务、违约责任以及资金支付方式等事项。 　　政府购买公共服务合同自签订之日起七个工作日内，采购人应当将合同副本报同级财政部门和有关部门备案。 　　第二十二条【政府购买公共服务合同的形式】　采购人可以根据政府购买公共服务项目的需求特点，采用购买、委托、租赁、雇佣、特许经营、战略合作等合同形式。 　　第二十三条【政府购买公共服务合同的期限】　采购需求具有相对固定性、延续性且价格变化幅度小的政府购买公共服务项目的，在年度预算能够保障的前提下，采购人可以签订不超过三年履行期限的政府购买公共服务合同。 　　第二十四条【供应商义务】　供应商应当建立健全财务报告制度，接受政府部门与社会监督；严格履行政府购买公共服务合同，严禁转包行为。 　　第二十五条【采购人义务】　采购人应当严格遵守政府购买公共服务合同的约定，不得恣意干涉供应商的公共服务供给过程，不得向供应商指定购买商品或接受服务的渠道，不得索取或者收受财物，不得谋取其他不正当利益。 　　第二十六条【政府购买公共服务的考核】　采购人应当建立包括服务对象、第三方在内的综合评审小组，对供应商的服务质量、资金使用情况及社会满意度等进行定期考核。 　　考核结果应当公开，并作为政府购买公共服务项目验收和以后选择政府购买公共服务项目供应商的重要依据。 　　第二十七条【政府购买公共服务的验收】　政府购买公共服务项目的验收工作由采购人或其委托的代理机构组织，应邀请具有一定资质的专家参与并充分考虑服务对象的意见与建议。验收方成员应当在验收书上签字，并承担相应的法律责任。 　　第二十八条【政府购买公共服务合同的效力】　政府购买公共服务合同当事人不得擅自变更、中止或终止合同，但如果继续履行合同将严重危及国家利益和社会公共利益的除外。 　　第二十九条【政府购买公共服务文件的保存】　采购人、代理机构对政府购买公共服务项目的有关文件应当妥善保存，不得伪造、变造、隐匿或者销毁。文件保存期限为从政府购买公共服务项目结束之日起至少十五年。

续表

第四章 监督 检查	第三十条【行政监督职责】 依照法律、行政法规的规定对政府采购负有行政监督职责的政府有关部门,应当按照其职责分工,加强对政府购买公共服务活动的监督。 第三十一条【财政部门的监督检查职责】 财政部门应当健全政府购买公共服务制度,监督、指导采购人依法开展政府购买公共服务活动,加强对政府购买公共服务的资金管理、监督检查。 第三十二条【政府购买公共服务项目评价制度】 财政部门应当建立政府购买公共服务项目评价制度,委托有资质的专业社会统计调查机构,结合社会公众和服务对象的意见,对购买公共服务项目的数量与质量、社会满意度、资金使用绩效等进行评价。 评价结果应向社会公布,并作为以后编制年度政府购买公共服务预算和选择供应商的重要依据。 第三十三条【采购人的监督检查职责】 政府购买公共服务后,采购人应当对工作经费和工作人员的岗位进行相应调整,加强调查研究、日常监管、行政指导,及时发现和解决行政管理中产生的各种问题。 第三十四条【民政、工商管理及行业主管部门的监督检查职责】 民政、工商管理及行业主管部门应当将供应商实施政府购买公共服务项目的情况纳入年检、评估、执法等监管体系,建立适合承担政府购买公共服务项目的社会力量评估机制。 第三十五条【控告和检举】 任何单位和个人对政府购买公共服务活动中的违法行为,有权控告和检举,有关部门应当依照各自职责及时处理。 第三十六条【法律责任】 采购人、供应商及其他参与政府购买公共服务活动的单位或个人违反本规定的,应依照有关法律、法规给予处分或者处罚;构成犯罪的,移交司法机关处理。
第五章 附则	第三十七条【适用范围】 国家、省对政府购买公共服务另有规定的,从其规定。 第三十八条【施行时间】 本规定自 年 月 日起施行。

三、补充说明

政府购买公共服务是社会管理创新的重要途径,也是近年来发展迅速的公共服务供给方式。本研究主要以 2014 年 10 月以前的规范性文件与实践情况为分析对象,运用规范分析、个案分析、比较分析等方法,客观呈现彼时彼刻政府购买公共服务的基本图景,最终借鉴立法评估理论,试图勾勒其未来立法路径。一年多来,政府购买公共服务的发展可谓日新月异,尤其在规范体系上已有突破。中央层面上,首先,2014 年 12 月 15 日,财政部、民政部、工商总局以其他规范性文件的形式制定了《政府购买公共服务管理办法(暂行)》(以下简称《管理办法》(暂行)),从总则、购买主体与承接主体、购买内容及指导目录、购买方式及程序、预算及财务管理、绩效和监督管理、附则等七个方面,做出规定;其次,2015 年 1 月 30 日,国务院颁布《中华人民共和国政府采购法实施条例》(以下简称“《政府采购法实施条例》”),将政府购买公共服务纳入政府采购体系。相较而言,地方层面的变化主要体现在购买范围上。一方面,公共服务的范围进一步扩大,诸如棚户区改造服务、云服务等带有明显时代特色的服务类型也被纳入政府购买领域;另一方面,越来越多的地区制定政府购买公共服务指导性目录,明晰政府购买公共服务模式的适用范围。

两相比较,当前规范体系实际上采用了一种更为折中的路径。相较于《指导意见》以及其他已有规范性文件,《管理办法(暂行)》更具体系化和规范化,但从内容上看,仍然延续已有规范性文件的风格,政策性强于规范性,技术性弱于原则性。政府购买公共服务制度背负沉重枷锁,与事业单位改革、社会组织发展纠葛明显。“暂行”一词正表明了管理办法本身只是建立在对当前政府购买公共服务实践的暂时总结之上。《政府采购法实施条例》第 2 条第 4 款明确规定:“政府采购法第二条所称服务,包括政府自身需要的服务和政府向社会公众提供的公共服务。”形式上,政府购买公共服务与政府采购之间的关系至此理清。其他关于公共服务采购项目的规定包括:第 15 条第 2 款,即“政府向社会公众提供的公共服务项目,应当就确定采购需求征求社会公众的意见”;第 27 条,即“政府采购法第三十一条第一项规定的情形,是指……或者公共服务项目具有特殊要求,导致只能从某一特定供应商处采购”;第 45 条第 2款,即“政府向社会公众提供的公共服务项目,验收时应当邀请服务对象参与并出具意见,验收结果应当向社会公告。”三个条款依次涉及采购需求的确定、单一来源采购的适用以及公共服务项目的验收三个方面。结合总报告与分报告的分析来看,就涉及政府购买公共服务的规定而言,《政府采购法实施条例》的立足点非常明确,即解决当前急需解决的问题,除此之外,并未结合政府购买公共服务的特殊性在购买程序、购买方式等方面作更为详尽的规定。《管理办法(暂行)》与《政府采购法实施条例》基本立场一致,但在术语运用上存在很大差异。《管理办法(暂行)》并未完全进入政府采购法的话语体系,其“暂行”

身份明显。

　　《政府采购法实施条例》的应急性与《管理办法（暂行）》的暂行性，从侧面印证了总报告关于"当不当立"的判断——尽管政府购买公共服务立法具备合法性、效益性和必要性，但却面临着可行性不足的问题，立法时机尚欠成熟。这种折中路径既有效回应了政府购买公共服务实践中亟须解决的问题，也未脱离其发展现状。从长远发展来看，在中央层面上，政府购买公共服务的具体规定很可能由财政部、民政部、工商总局三部门以部门行政规章的形式出台，其尤其要注意与《政府采购法》的术语体系保持一致；在地方层面上，除以中央层面的统一规定为依据外，可能会结合本地特殊需求，出现更多针对特定公共服务类型的规范性文件。

第二章　分报告一：政府购买公共服务基础理论研究

第一节　世界范围内政府购买公共服务的兴起与发展

一、政府购买公共服务的兴起背景

政府购买公共服务起源于西方国家，主要是指发达国家进入 20 世纪 80 年代以后，为了应对福利国家的危机而采取的一种政府改革策略。"福利国家"的概念最早是由威廉·坦普尔提出，其认为福利国家是一种为普通平民服务的国家，后来逐渐用来指代二战后的西方工业发达国家为了稳定战后混乱的社会秩序所建立的一种能够在全国范围内实现普遍社会保障的国家体制。[①] 目前而言，理论上并无关于福利国家的统一界定，如英国学者阿萨·布瑞格斯认为，"福利国家"是国家利用权力通过政治和行政的方式努力调节市场的作用完成三个目标，即保证个人和家庭的最低收入；保证个人和家庭有能力应付能给他们带来危机的意外事件；保证各阶级的全体公民都能以可以达到的最佳标准获得服务。还有学者认为福利国家就是"国家通过保证投资、减少失业和扩大社会保险项目的再分配等战略使自己渗透到社会生活中去，以便保证个人与群体之间的公正和平等"；[②]福利国家"必须承担防止贫困和不幸"，要保障"各社会成员有取得最低生活标准的权利"，福利国家"有义务把国

[①]　曲明影.西方福利国家理论述评[D].长春:吉林财经大学,2011.
[②]　约翰·基恩.公共生活与晚期资本主义[M].马音,刘利圭,丁耀琳译.北京:社会科学文献出版社,1999:1.

民的充分就业置于政府政策所支持的社会目标的首位"①。总的来说,福利国家的主要特征在于:以追求社会团结和公正为目标,由国家承担为公民提供综合且普遍的福利的责任,呈现出统一的、大规模的、"从摇篮到坟墓"的社会福利供给形态。②

19世纪末20世纪初,在自由市场经济高速发展和工业变革急速发生的背景下,西方国家还普遍面临着不断增加的社会需求,如贫困、疾病和失业等。为了维护社会稳定,进一步促进资本主义发展,西方国家纷纷出台各种社会保障和税收政策,开始承担起为社会成员提供福利的责任。英国于1943年发表了著名的《贝弗里奇报告》,对二战后各国社会保障体系的形成产生了广泛的影响。1948年,英国第一个宣布建成"福利国家",此后,西欧、北欧、北美洲、大洋洲等发达国家也都先后宣布实施"普遍福利"政策。③ 一般而言,西方发达国家福利国家的发展主要经历了"市场失灵——政府干预——政府失灵——民营化"的过程,大致可以分为三个阶段:(1)20世纪40年代到50年代的稳步发展期,凯恩斯主义的盛行和战后经济繁荣使政府的福利角色得到普遍认同,政府对经济和社会生活的干预范围和力度也随之加强,社会保障的范围不断扩大,公共福利开支大幅上升;(2)20世纪60年代到70年代的不断成熟期,西方福利国家的社会保障和社会服务的内容几乎覆盖了所有个人和家庭不能解决的问题;(3)20世纪70年代中期以来的危机凸现期,随着1973年石油危机的爆发和经济发展"黄金期"的结束,福利国家发展进入困难时期,各国政府纷纷开始大规模的削减福利支出,缩小政府的福利角色,探索民营化的发展路径。④

福利国家虽然在经济发展和社会稳定等方面取得了巨大成就,但也付出了相应的代价。20世纪70年代以来,西方国家普遍出现经济停滞、失业增加、通货膨胀并存的局面,庞大的社会福利支出远远超过经济增长的速度,政府深陷社会保障危机和财政危机的泥潭中,不能自拔,福利国家的许多重要的政策目标如充分就业难以实现,人民的不满情绪与日俱增。难以消解的社会

① 高鹏怀.历史比较中的社会福利国家模式[M].北京:中国社会出版社,2004:3.
② 许光.欧洲福利国家改革对我国社会保障制度建设的启示[J].北方经济,2006(8).
③ 魏静.中国地方政府购买服务[D].上海:上海交通大学,2008.
④ 徐月宾.西方福利国家社会服务发展趋势——政府购买服务[J].民政论坛,1999(6).

困境最终急切呼唤彻底的社会变革。20世纪80年代以来,各国纷纷着手改革和调整高福利的社会保障体系,重新定位政府的公共服务提供者角色,进一步理清政府、市场或社会、公民之间的关系,新公共管理运动应运而生。为了应对并摆脱财政、管理和信任等多重危机,政府渐趋减少对许多传统微观经济层面的干预,大量的公共服务转而通过政府购买,由企业或非政府组织提供。"政府购买服务的目的开始时只是为了寻求一种提供服务的不同模式,其主要目的在于降低服务成本,增加资金渠道,提高服务质量和克服官僚现象,但随着实践的发展,政府购买服务逐渐变成了一种缩小政府规模和政府干预的方式,从而使政府与私营或其他组织形成了一种合作关系,共同承担社会责任。"①政府购买公共服务逐渐发展为一种国际趋势。

二、政府购买公共服务兴起的具体原因

20世纪70年代以来的福利国家危机直接催生了政府服务供给模式的转变,市场机制、公私合作机制的引入使得政府购买公共服务如雨后春笋般遍及全球各地。简要言之,"政府购买公共服务"的基本模式是,原先由政府提供的部分公共服务,当下采取由政府向社会购买的方式,由政府以外的社会力量提供,以满足人民日益增长的物质文化需求。直观地看,人民日益增长的物质文化需求、政府自身无法满足人民的服务需求、社会力量具备了提供公共服务的条件等三项因素直接成为政府购买公共服务兴起并迅速发展的具体原因。

(一)社会大众公共服务需求的不断增长

二战以来,伴随着西方国家经济社会的繁荣发展,社会大众公共服务的需求不断增长。但在税收制度和福利国家制度的相互作用之下,在业工人的实际工资收入与失业工人从国家福利政策中获得的各种津贴之间差距很小,影响了人们的投资和工作热情,"福利依赖"情绪严重。② 正如吉登斯所言,福利国家"削弱了个人的进取和自立精神,并且在我们这个自由社会的基础之上酝酿出某种一触即发的怨恨"③。20世纪70年代以来的经济危机进一步加剧了社会大众居高不下的福利需求与政府有心无力的福利提供之间的紧张关系,公共服务供给模式的改革势在必行。

---

① 魏静.中国地方政府购买服务[D].上海:上海交通大学,2008.

② 曲明影.西方福利国家理论述评[D].长春:吉林财经大学,2011.

③ 安东尼·吉登斯.第三条道路:社会民主主义的复兴[M].郑戈译.北京:北京大学出版社,2000.

（二）公共服务供给的低效率呼唤政府角色的转型

传统福利国家以高福利、高税收为特征，政府最终深陷财政危机之中，政府失灵。例如，欧洲不少国家为了实现充分就业的政策，安置由于经济不景气导致的大量失业人员，最终负债累累、国家财政入不敷出，阻碍了经济的进一步发展。到 1995 年，曾经一度成为债权大国的瑞典之内外债总额已经超过了国民生产总值的 80％，而西欧经济的龙头老大德国到 1995 年，其债务已达 2 万多亿马克，占其当年国内生产总值的 62％。① 此外，统一的、大规模的福利供给路径使得福利项目不断扩张，处理日常事务的行政人员和福利工作者也不断增加，中央和地方的福利机构变得庞大臃肿，办事效率低下；行政部门则由于制定福利政策和审核福利资格的权利，官僚作风严重，公众对政府的信任度大幅下降。在严重的收支不抵以及官僚主导的公共服务供给模式下，社会保障制度无法解除失业给工人带来的生活困苦，公共服务供给低效，社会大众的不满情绪日益扩大。由此，面对社会大众日益增长的公共服务数量和质量需求，政府越来越无法充分承担起公共服务提供者的角色，相应福利政策的调整和改革成为必然。

以此为背景，以吉登斯为代表的经济学家提出了"第三条道路"的福利改革理念，其指导思想是变消极福利为积极福利，变"福利国家"为"社会投资型国家"。吉登斯认为，传统福利国家的致命缺陷在于，国家自上而下的包办、从"摇篮"到"坟墓"的社会保障制度，造成人们对政府的过度依赖，权利和机会最终变成自私和贪婪的动力，因此，其呼吁树立个人自我负责精神。这实际上就是要求国家重新定位在公共服务提供中的角色，改变全能的家长式作风，重新考虑其是公民社会的监督者，还是全体公民的保险人。新公共管理运动的兴起最终导致了政府角色的转型。正如奥斯本和盖布勒所倡导的用"企业家精神"再造政府，政府的职能由"划桨"转向"掌舵"，社会力量更多地参与到公共服务的提供中来。

（三）社会力量的迅速发展促进了公共服务供给上的公私合作

政府干预市场以克服市场失灵带来的恶果导致福利国家的产生，政府失灵则使福利国家深陷财政、管理、信任危机之中，求诸或回归市场再次成为西方国家摆脱福利危机的基本策略。正如前文所述，20 世纪 70 年代中期以来，各国政府纷纷以"小政府、大社会"为指导思想，企图通过缩小政府的福利角

---

① 刘玉安.西欧福利国家制度的危机及其改革[J].世界经济与政治,1996(12).

色,借助市场力量,扩大社会在公共服务提供中的作用,自救于水深火热之中。

在体制和管理方面,私营组织与政府组织相比,具有如下区别:(1)二者权责关系不同,政府组织往往多元领导,内部权责关系不明,往往导致决策拖延、低效,而私营组织正相反,管理者可以按照既定的组织目标迅速决策,随机应变。(2)二者动机不同,私营组织的收入来自客户,因此以满足客户需要为第一要务;政府组织的收入来自税收,往往以财政拨款的形式,运作过程受制于部门利益,这必然会影响服务质量。(3)服务对象和目的不同,私营组织为其职工和股东服务,以利润最大化为目的,对象和目标都很具体明确;政府组织则要处理效率与公平之间的关系,服务对象模糊。[1] 相比之下,从公共服务提供的效益上来看,私营组织似乎更能够满足社会大众的需求,而政府组织囿于官僚体制及部门利益则往往无法有效及时地回应社会需求。然而,尽管政府直接提供公共服务所存在的缺陷不言自明,但将公共服务完全市场化不仅存在技术问题,也存在政治问题。作为折中形式的政府购买公共服务由此逐渐成为公共服务供给模式改革的主要目标,即"政府继续保留其福利投资主体和制定福利政策的角色,但将营办服务的责任通过合同形式交给独立的营办机构"。[2]

公共服务供给由政府向社会力量的转移成为福利国家变革的主要路径,社会组织的迅速发展和完善为此提供了可靠保证。二战后,非政府组织的发展势头良好,各种形式的社会组织层出不穷,尤其是一批致力于慈善救助的社会组织应运而生,在社会重建和变革中扮演着越来越重要的角色。[3] 20 世纪 80 年代以来,随着世界范围内出现的市场化、民主化、民营化和全球化浪潮,社会组织出现了蓬勃发展的局面,人们也越来越注意到存在于政府之外的这个部门在社会发展中的作用,萨拉蒙教授更是明确地指出,非营利部门在世界各国的发展表明,一个由非营利组织所发动的"全球结社革命"正方兴未艾,它对即将到来的 21 世纪所具有的意义,也许如同民族国家的兴起对 20 世纪所具有的意义一样重大。[4]

---

[1]　徐月宾.西方福利国家社会服务发展趋势——政府购买服务[J].民政论坛,1999(6).

[2]　徐月宾.西方福利国家社会服务发展趋势——政府购买服务[J].民政论坛,1999(6).

[3]　王名.社会组织概论[M].北京:中国社会出版社,2010:53.

[4]　王名.社会组织概论[M].北京:中国社会出版社,2010:56.

（四）新公共管理运动的兴起与发展

20世纪80年代以来,面临严重的财政、管理和信任危机的西方国家,为了适应经济全球化及国际上竞争加剧的趋势,迎合国内公共服务需求的增加并提高政府效能,西方国家相继掀起了政府改革热潮,传统公共行政模式逐渐转向新公共管理模式。新公共管理运动起源于英国、美国、澳大利亚和新西兰,并迅速扩及西方各国,典型代表如美国的"企业化政府"改革运动、英国的"管理主义"运动、澳大利亚的"财政管理改进计划"、法国的"革新公共行政计划"等。①

新公共管理运动涉及行政管理体制和政府活动的各个方面,主要目标在于通过改革政府公共服务提供方式及政府内部管理体制、引入私营部门管理技术来重新厘定政府与市场的关系。公共服务提供方式的改革集中体现为公共服务市场化,其本质在于打破公共服务提供中的政府垄断,促进公共服务供给主体的多元化,将原由政府承担的职能推向市场,与私人部门一起建立一种竞争机制,在此基础上配置公共资源,从而有效改善公共服务。② 就政府在公共服务领域的角色定位而言,作为新公共管理运动旗手的奥斯本给出了最为精辟的论述。奥斯本指出,传统公共行政活动中,政府部门居于整个社会的中心位置,政府集决策、行政、监察等权力于一身,对整个社会的经济、政治、文化等各方面的工作作出全面干预,这必然意味着政府规模的扩张和庞大臃肿,最终将导致人浮于事,行政效率低下;实际上,尤其在当今变化多端、需求多元的社会中,政府不仅没有必要事必躬亲,而且也已经不可能把持公共服务供给的垄断地位,政府的工作重心应该从烦琐的具体事务当中解脱出来,集中精力于国家的大政方针政策,即政府的真正职责是"掌舵"而不是"划桨"。③ "有效的政府并不是一个执行的政府,而是一个能够善于治理的政府。"④

---

① 徐增辉.新公共管理研究[D].长春:吉林大学,2005.

② 王光营.论新公共管理理论及其对中国行政改革的影响[D].济南:山东大学,2009.

③ 王光营.论新公共管理理论及其对中国行政改革的影响[D].济南:山东大学,2009.

④ 戴维·奥斯本,特德·盖布勒.改革政府—企业家精神如何改革着公营部门[M].上海市政协编译组,东方编译所译.上海:上海译文出版社,1996:7.

三、政府购买公共服务的发展过程

如上所述,深陷福利危机的西方国家在 20 世纪 70 年代以后纷纷走上了一条以"新公共管理运动"为名的改革之路,试图通过重新界定政府与社会关系,改进公共服务供给,缓解政府与公民之间的紧张关系。政府购买公共服务,或者说公共服务供给上的公私合作应运而生。纵观西方各国实践,政府购买公共服务大致经历了三个阶段:[①]

第一阶段,政府购买公共服务的兴起探索期(1978—1987 年)。受新公共管理运动的影响,这一阶段的最明显变化是众多营利机构加强了与政府的合作,成为社会公共服务提供的一股重要力量。虽然政府的社会公共服务支出较 20 世纪 70 年代有所下降,但是社会公共服务领域中营利机构的数量却持续增长。营利机构作为服务供给方的主体之一为下一阶段健全契约购买的市场竞争要素奠定了基础。

第二阶段,政府购买社会公共服务的蓬勃发展期(1988—1998 年)。在新公共服务、公民社会理念的共同作用下,西方发达国家意识到公共利益仍是本位,要尊重公民权,不应只关心成本效率的问题,而是转向重视多方参与,力求实现服务高效和社会优化之间的平衡。这一阶段的主要特征是政府购买社会公共服务出现了以合同外包为主的多种购买方式,运作机制也由指向性拨款向竞争性购买迈进。

第三个阶段,政府购买公共服务的反思完善期(1999 年至今)。进入 20 世纪 90 年代后期,各国在经历政府采购规模的持续扩张以后,受"第三条道路"理论的影响,开始理性反思,不再单纯强调市场作用和竞争机制,而是综合运用计划和市场两种手段,增强政府提供优质社会公共服务的能力。与此同时,非营利组织的活跃程度日益增加,组织规模不断发展壮大,提供服务种类繁多,政府陆续采取了谨慎的购买态度,出现两种分化:一种是以法国为代表,政府将社会公共服务项目进行分类,视其关系民生的重要性和关键程度来决定购买的深度和广度;一种以英、美等国为代表,政府购买社会公共服务的覆盖面仍然较广,采用混合管理战略。

纵观西方发达国家政府购买公共服务的发展,无论是政府购买公共服务

---

① 阶段划分源于张汝立.西方发达国家政府购买社会公共服务的经验和教训[J].中国行政管理,2010(11).

供给模式的兴起,还是在社会发展过程中的变迁,始终都围绕政府职能定位或者说政府与市场关系的界定,政府在公共服务供给中应当扮演怎样的角色,社会力量在公共服务供给中应当发挥什么样的作用,不同社会语境下,政府与社会力量在公共服务供给上的角色分工应当如何处理,都直接决定了公共服务供给方式的选择。

四、部分国家和地区政府购买公共服务的兴起与发展

（一）美国

1. 政府购买公共服务的兴起

19 世纪末 20 世纪初的经济危机打破了联邦及各级政府对"守夜人"角色的固守,政府调控、管制经济和社会管理的范围不断扩大。20 世纪 30 年代的罗斯福新政进一步强化了政府的保障职能,后续的民主党领袖更是继承福利国家的理念,及至 1965 年,约翰逊总统提出了"伟大社会"计划。然而,好景不长,伴随着世界经济结构的急剧变化,西欧、日本、苏联经济力量迅速崛起,美国的绝对优势地位显著衰落,20 世纪 70 年代的石油危机更使之陷入滞胀泥潭。福利国家政策使得政府规模和社会管理之空前扩张,导致了严重财政、管理和信任危机,一方面,政府管理无所不包导致财政入不敷出,从而频频加税,严重影响经济发展和人民生活,联邦税制改革则减少了地方政府的收入,造成发展停滞和经济衰退;另一方面,政府机构臃肿,冗员严重,官僚主义成风,政府垄断盛行,缺乏竞争,造成管理低效,寻租、腐败滋生,政府威信下降。[①] 福利危机与 70 年代以来的经济萧条左右夹击,使得美国政府不得不寻找出路,突出重围。

20 世纪 80 年代以来,美国各级政府逐步展开"政府再造"运动,旨在于建设企业型政府——一个由一群富有企业精神的公共企业家组成的政府。在这种理论的指导下,美国开始了以公共管理社会化和公共服务市场化为重点的改革运动。公共服务供给的政府垄断造成了政府官僚机构膨胀、公共服务供给效率低且质量差、权力寻租普遍。公共服务市场化改革就是要彻底改变政府垄断供给的现状,引入市场竞争,为公民提供高效高质的公共服务。由此,政府购买公共服务或者公共服务外包逐渐成为公共服务供给的一种重要方

---

① 黄伟,刘学政.公共管理社会化与公共服务市场化:美国"政府再造"对珠海市城市管理制度创新的启示[J].城市发展研究,2002(6).

式。政府通过与企业等社会力量之间建立合约委托关系,不再直接从事公共服务和产品的生产,而是通过政府采购成为公共产品的购买者,真正由"划桨"的角色蜕变为"掌舵"者,从而打破了政府对公共服务供给领域的垄断。1993年克林顿上台,其逐渐树立了结果取向、绩效为本、顾客导向的公共服务理念,通过精简政府、重建机构、确立顾客至上原则、引入市场机制、建设以绩效为基础的组织,促进了公共服务供给方式的加速转变,政府购买公共服务实践蓬勃发展。①

公私合作是美国政府购买公共服务模式的关键所在,事实上,在20世纪70年代以后,整个美国的地方政府都在构建着这种形成于政府、商业、非营利组织以及邻里组织之间的新型关系。公私合作作为一种制度选择,早在19世纪中期就已经萌生,二战以后特别是经过20世纪50年代以来的城市更新运动,其得到了更广泛地认可和发展。公私合作关系指的是一种生产和供给公共服务的制度安排,即公共部门和私人实体通过共同行使权力,共同承担责任,联合投入资源,共同承担风险,共同分享利益的方式,生产和提供公共产品和公共服务。其潜在的逻辑正如前文所述,公共部门和私人组织在公共服务的生产和提供过程中各有独特的优势,两者优势互补更能确保公共服务的供给。职是之故,私人承包商成为公共服务的长期提供者,而政府部门更多的成为管制者,政府把主要的精力和资源放在规划、绩效的监督、契约的管理方面,而不是放在服务的直接管理和提供方面,从而实现了政府与社会或市场角色的重新定位。

2.政府购买公共服务立法体系

政府购买公共服务是政府采购制度的一个面向。尽管政府采购制度早在1761年就已呈现于美国《联邦采购法》,但及至20世纪80年代,为了应对福利国家危机,政府购买公共服务才作为一种政府改革策略出现。在美国,政府购买公共服务的相关规范已经融入政府采购制度中,通过考察政府采购制度的立法体系,也能对政府购买公共服务的基本立法情况有所理解。美国国会和有关部门大约制定了4000多个与政府采购有关的法律法规,形成了以《联邦政府采购政策办公室法案》和《联邦政府采购条例》为核心的法律规范体系,从而统一了政府各机构的采购政策、标准、程序和方法。美国政府采购(政府

___

① 陈书洁,张汝立.政府社会服务观与社会公共服务改革——英美政府购买社会公共服务的比较研究[J].浙江社会科学,2011(4).

购买公共服务)的立法体系,如图 2-1 所示:①

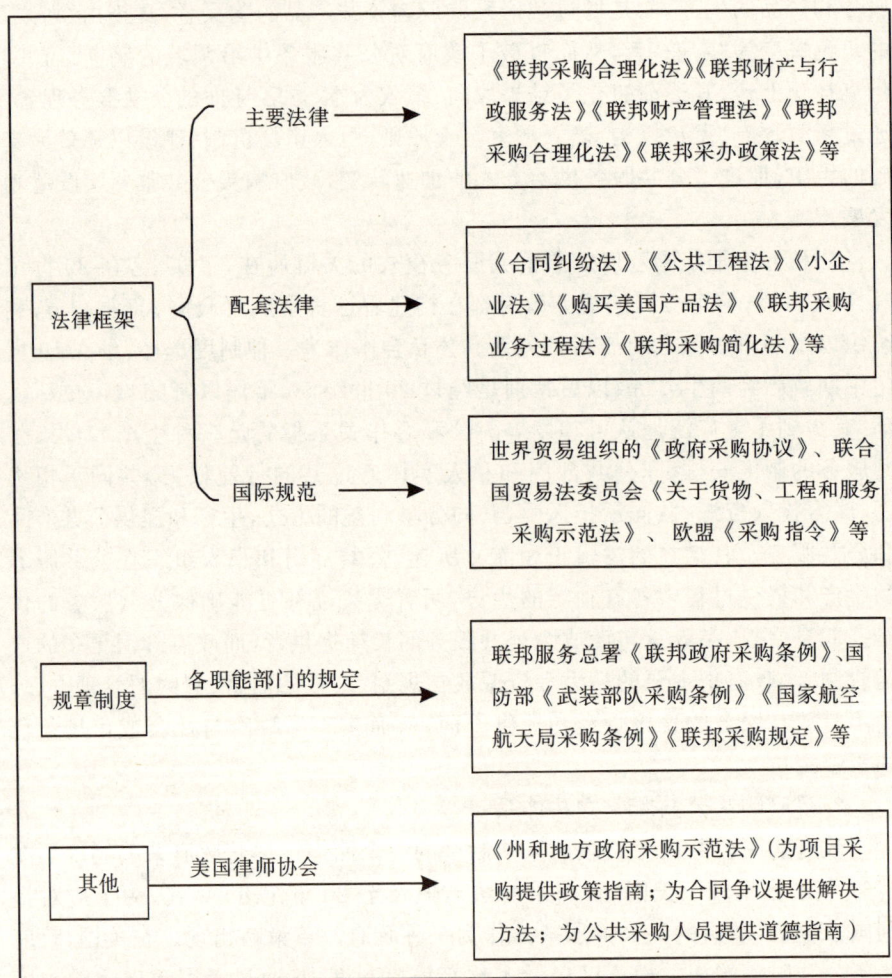

法律框架	主要法律 →	《联邦采购合理化法》《联邦财产与行政服务法》《联邦财产管理法》《联邦采购合理化法》《联邦采办政策法》等
	配套法律 →	《合同纠纷法》《公共工程法》《小企业法》《购买美国产品法》《联邦采购业务过程法》《联邦采购简化法》等
	国际规范 →	世界贸易组织的《政府采购协议》、联合国贸易法委员会《关于货物、工程和服务采购示范法》、欧盟《采购指令》等
规章制度	各职能部门的规定 →	联邦服务总署《联邦政府采购条例》、国防部《武装部队采购条例》《国家航空航天局采购条例》《联邦采购规定》等
其他	美国律师协会 →	《州和地方政府采购示范法》(为项目采购提供政策指南;为合同争议提供解决方法;为公共采购人员提供道德指南)

图 2-1 美国政府采购立法体系

(二)欧盟

1.政府购买公共服务的兴起

欧盟政府采购政府法制的发展深受自由贸易理论、内部市场政策、新公共

---

① 李浩文.美国政府采购的制度模式及其对中国的启示[D].北京:国际关系学院,2006.

管理理念等思想的影响。立足于建立相互开放、相互依存、保护和扶助的国际区域市场,并通过一系列的方式包括关税同盟、政府同盟等来实现政治与经济的一体化,在公共采购领域,欧盟分别于 1971 年与 1976 年颁布了 71/305/EEC 指令、71/305/EEC 指令,解除成员国在此领域对自由提供服务、货物自由流动等方面的限制,欧盟级别统一公共部门采购规则初具规模。到了 20 世纪 80 年代中期,为了达到消除贸易壁垒的目标,欧盟开始考虑更彻底的方式,制定了明确目标与时间表,并通过 1986 年颁布的《单一欧洲法令》以欧盟最高法律形式确定下来。自 80 年代中期到 1992 年间,欧盟实现了资源流动的完全自由化,取消货物和人员的边检,在自由设立与自由提供服务方面也有所进步。1990 年颁布的 90/53EEC 指令将水、能源、运输和电信这四个公用事业部门的采购也纳入公共采购领域。此后的 92/50/EEC 指令与 93/38/EEC 指令将公共服务合同与公共事业部门的服务合同也纳入其中。后因电信业已引入有效竞争机制故不再使用公共采购法,邮政业则在 2004 年修订后明确纳入其中。至此,欧盟公共采购法的采购主体基本完备。[①]

2.欧盟政府采购制度的指令体系

欧盟公共采购法律体系由条约(TEU 和 TFEU)、二级立法、指令、世界贸易组织《政府采购协议》和其他国际协议、国内立法、欧洲法院和国内法庭的判例、欧委会和成员国的解释和指导等构成,大致可以分为三个层次:欧盟内部的统一立法;欧盟与有关国家签订的双边协议;欧盟作为统一体所加入的世界贸易组织政府采购协议。

有关政府采购问题的内部立法主要表现为欧盟理事会所制定的各项指令(Directive),共有六部,其中针对政府的有四个指令,即《关于协调授予公共服务合同的程序的指令》(1992 年颁布,简称《服务指令》)、《关于协调授予公共供应品合同的指令》(1993 年颁布,简称《供应指令》)、《关于协调授予公共工程合同的程序的指令》(1993 年颁布,简称《工程指令》)和《关于协调有关对公共供应品合同和公共工程合同授予及审查程序的法律、规则和行政条款的指令》(1989 年颁布,简称《公共救济指令》);针对公共事业的有两个指令:《关于协调有关水、能源、交通运输和电信部门采购程序的指令》(简称《公共事业指令》)、《关于协调有关水、能源、交通运输和电信部门的采购程序执行共同体规则的法律、规则和行政条款的指令》(简称《公用事业救济指令》)。

---

① 邹颖.欧盟公共采购法采购主体制度述评[J].时代法学,2011(6).

(三)香港地区

1. 非政府组织承担公共服务的历史传统

提供社会服务的非政府组织在香港有着悠久的历史。早在 19 世纪中叶,本地华人已经成立社团开展慈善救济活动。二次大战期间大批难民来到香港,一些海外慈善团体也因而带着大量物资到香港开展活动。二战结束以后,英国统治香港的根本目的就是要有效管理社会,即以最小的成本投入,为英国攫取最大的殖民利益,至于是否能提高市民的福祉,不在其考虑范围之列。同时,港英政府为了有效管理香港社会,保持稳定的社会政局和高效率的行政管理体系,采用了行政主导模式①的政治体制和咨询制度。香港政府长期维持其福利低水平状况,并把提供社会福利服务的责任推卸给了社会和市场,让社会和市场承担起了较多的责任,客观上促进了非政府组织大批涌现。不少经济基础建设和公共服务都依靠私营机构提供,结果是,许多在其他国家由政府提供的公共服务或主要基础建设,在香港却从不是政府负责的项目。②私营机构也一直负责发展香港的重要经济基础设施,包括邮轮码头和货柜港口。

2. 香港政府对非政府组织的资助制度

港英政府为了应对 20 世纪 60 年代面临的危机,在 1968—1969 财政年度开始为提供社会服务的非政府组织给予津贴。直至 20 世纪 70 年代,确立了社会福利由政府财政收入直接资助、象征性收费和无须供款的融资方式。港英政府对社会福利津贴采用"酌情补助"形式,避免对资助作出特定的承诺或控制。20 世纪 80 年代开始,港英政府按社会服务的重要程度给予不同程度的津贴,并采用实报实销的资助制度。进入 20 世纪 90 年代初,此种模式已无法符合公众对政府和非政府组织日益提高的问责要求,政府方面认为应赋予服务提供者更大的灵活性、减少行政成本及实施着重效率和成效的衡量值评估;非政府组织则希望有更加灵活的资助制度,机构能够独立自主运作。此外,自 20 世纪 70 年代以来,稳定的政府津贴对受资助组织变得越来越重要,甚至成为机构单一的收入来源而形成结构性依赖的情况。私人慈善由于缺乏免税激励而未能蓬勃发展。因此,政府希望资助机构能够加强管理提高效率

---

① 行政主导模式的特点是行政权大于立法权,决策权最终掌握在行政首长手中。整个政治体制以行政系统为权力中心,行政体系采取层级制方式,由上而下,由内而外,各级公务员层层向上负责,再由港督向英国政府负责,行政官员都采取委任形式。

② 例如建设电信基础设施以及营办的士、巴士、电车和轮渡等公共交通服务。

并开拓收入来源,从而控制经常性资助增长。因而,社会服务资助制度成为香港政府公营部门改革的一部分。截至目前,香港政府与非政府机构保持着良好的合作伙伴关系,由政府向非政府机构提供经费支持已形成制度化,且拨款机制已逐步发展成整笔拨款的形式,非政府机构的经费开支也主要依靠政府的资助。

3.香港政府经济政策变化及其公营部门改革

在经济政策方面,香港政府曾长期奉行"大市场、小政府"的古典自由主义理念,很少干预经济。在这种自由放任的指导原则下,香港政府在 20 世纪 60 年代以前所承担的公共管理职能范围非常小,所提供的公共服务也仅限于社会治安、基础设施等领域。随着经济发展的日趋多元化和社会事务的复杂化,社会需求也呈现出多样化的趋势,很多相应的公共服务得不到充分供给,"市场失灵"的严重后果凸显出来。因此,到了 70 年代中末期,香港政府放弃了原来的消极不干预政策,代之以有限干预的"积极不干预原则",政府的开支应该随着时间而增加,但必须符合经济增长的趋势,主要体现在解决市场所带来的各种外部性问题,以及提供各种市场不能提供而社会必需和不能由市场提供的公共物品。进入到 20 世纪 80 年代,香港市民对政府的期望不断提高,社会需求的增大促使政府职能不断地强化和扩张,公共开支也随之大增,财政问题日益严重,政府效率低下,"积极不干预"原则陷入两难境地。受"新公共管理运动"的影响,在英美等国政府改革经验的基础上,香港政府于 1989 年发表公共服务改革方案——《香港公营部门改革》,鼓励管理人员"从其消耗的资源中获得更多收益",认为公司化、私有化及公共服务外判是可行的改善公共服务的途径。1992 年,为了进一步推进公共部门改革,香港政府成立了效率促进组,负责政府改善公共服务的工作,同时制定和协调公营部门改革计划的实施方案。效率促进组推行了多项重大改革措施,包括:推行服务承诺计划等顾客服务计划;制定政策目标;设立营运基金;通过外判和公营部门与私营机构合作的模式,善用私营机构的专长;策划、成立和营运 1823 电话中心;采用由外至内的模式设计和提供服务。

4.外判的程序

香港的外判程序大致分为以下三个阶段:第一,拟定业务计划。本阶段的主要工作:界定服务范围,订定服务水平,计算成本,寻求和分析可能的解决方案,拟定业务计划及采购服务策略,最终是业务计划实证可行并获得通过。第二,招标及甄选。本阶段的主要工作:拟定向市场发出的招标文件和厘定评审准则,监管招标过程,评审表述,查证投标公司是否称职尽责,磋商合约内容并签订合约。第三,监管合约。本阶段主要工作为提供服务和监察服务表现:筹备过渡及移交安排,监察提供的服务和管理合约双方的关系,管理合约,检讨外判效益,检讨和重新筹备新合约。此外,效率促进组自 2000 年开始进行两年一次的政府外判服务调查,旨在更新政府外判资料,同时搜集外判承办商对政府外判政策和推行方式的意见。

(四)台湾地区

自 1983 年,台湾"内政部"订定"嘉奖民间力量推展社会福利实施计划"至今,台湾地区已经实施政府购买公共服务三十余年。追溯台湾购买式服务契约的兴起,一方面源于西方新公共管理思潮的影响,另一方面则与民间力量的蓬勃兴起密切相关。在推进政府购买公共服务的过程中,台湾地区不仅形成了政府与民间力量相互合作的"公私协力伙伴关系",①也在很大程度上缓解了公共服务供求矛盾,进一步满足了地区公民的公共服务需求。以台湾的社区服务为例,自 20 世纪 90 年代以来,呈现出福利多元主义的特征(参与主体多元化、服务方式多元化、资金来源多元化),基本上形成了一种覆盖基层社区老年人、儿童、妇女、残障人士、低收入者等弱势群体,多元整合来自政府及民间的社区内外资源的社区服务体系。②

根据台湾地区"政府采购法"的规定,所谓采购是指"工程之定作、财物之买受、定制、承租及劳务之委任或雇佣等";"劳务"则包括专业服务、技术服务、资讯服务、研究发展、营运管理、维修、训练、劳力及其他经主管机关认定之劳务。显然,该法将政府购买公共服务纳入。据其规定,购买主体主要指政府机关、公立学校、公营事业,其中公营事业指台湾地区各级政府机关成立以及直接拥有其全部或多数股份的企业。③ 承接主体为法人或团体,即指"公司、合伙或独资之工商行号及其他得提供各机关工程、财物、劳务之自然人、法人、机构或团体"。购买方式(主要指承接主体的确定方式)包括公开招标、选择性招标及限制性招标,其中"购买身心障碍者、原住民或受刑人个人、身心障碍福利机构、政府立案之原住民团体、监狱工场、慈善机构所提供之非营利产品或劳

① 王俊元.契约途径下社会服务公私协力运作策略之研究——台湾地区经验与启发[J].公共行政评论,2011(5).

② 张璇.福利多元主义视角下台湾社区服务发展及其启示[J].福建省社会主义学院学报,2013(4).

③ 中央政府成立的公营事业,除部分机构外,基本上均由经济部国营事业委员会管理;如为地方政府成立,基本上均由各县市政府拥有。

务""邀请或委托具专业素养、特质或经公告审查优胜之文化、艺术专业人士、机构或团体表演或参与文艺活动"等可采用限制性招标，即"不经公告程序，邀请二家以上厂商比价或仅邀请一家厂商议价"。

第二节　政府购买公共服务的理论依据

政府购买公共服务综合了公共服务的供给、政府职能的转变以及社会组织的发展，学界亦纷纷从不同的角度出发探究政府购买公共服务的理论依据，如从公共产品理论出发，援引亚当·斯密的观点：公共设施一般由政府通过税收方式征集资金，并免费供给，但是也可以通过其他的方式来提供，并在一切可以以私人的方式提供公共产品的地方，应该由私人来供给，这样做往往比政府的直接供给有更高的效率。或者从新公共服务理论出发，指出政府购买公共服务由众多营利机构开始与政府合作提供公共服务的探索起步阶段，到出现以竞争性的合同外包为主的多种服务购买方式，又进入综合运用计划和市场两种手段的反思完善三个阶段，其理论依据经历了"新公共管理"理论时期，到新公共服务、公民社会理念的共同作用时期，再到"第三条道路"理论时期。亦有从公共选择理论、治理理论、服务型政府理论出发予以探讨。结合我国政府购买公共服务的产生与发展，政府购买公共服务的理论依据主要体现为以下四个方面。

一、从新公共管理理论到新公共服务理论

20世纪后半叶，面对全球化、信息化以及政府财政、信任和管理危机带来的冲击，以官僚制为基础的传统公共行政遭遇了普遍的挑战和质疑。越来越多的人意识到，传统行政在结构和管理上存在很大弊端，无法适应现代公共服务所承担的广泛的、管理的以及政策制定的角色。最终，从20世纪80年代开始，西方各主要发达国家掀起了政府改革运动，新公共管理理论相伴而生。作为一种新的政府管理理论，新公共管理主张通过放松市场规制、国有企业私有化等措施来优化政府管理职能，通过放松政府内部规制、改革事务类公务员制度、分权化来改革政府内部管理机制，同时在政府部门中引入私营部门管理理念和技术；作为一种新的公共服务模式，新公共管理推崇市场机制，主张公

共服务市场化,合理划分政府与市场各自的职能,充分利用市场的竞争机制和效率机制。[1] 新公共管理理论对公共服务供给机制的主要贡献在于,在公共服务供给领域引入市场竞争机制,通过租赁、合同外包等方式将公共服务承包出去,多元化服务供给,讲求服务的结果和效率。[2]

新公共管理理论推动了波及西方各国的公共服务改革浪潮,其强调公共服务改革以顾客为导向,并遵循将市场化机制引入公共服务中的路径。但是不多久,其"顾客导向""企业家政府理念"受到了新公共服务理论的批判。[3] 尽管新公共管理理论检讨了政府在公共服务供给上的垄断角色,也导致了政府由公共服务的直接提供者到公共服务的组织者、合同发包商和监督者角色的变迁;但是官僚制政府仍旧拥有极大的权力来决定公共政策,政府系统仍然是一个较为封闭的系统。新公共服务理论直指新公共管理的"掌舵而非划桨"原则,主张要改变"政府独自掌舵"的局面,重新确定政府与公民、公务员与公民之间的关系;重新界定政府责任与公民责任;重新思考公共政策的制定;重新解读公共利益与私利之间的关系等问题。新公共服务理论强调政府的服务职能,其强调:政府的核心职能是服务,服务而非掌舵;政府以追求和实现公共利益为目标;重视公民参与和社区建设;政府的服务对象是公民;政府责任的复合性和多元化;政府执政须坚持以人为本;政府须重视民主公民权。[4]

二、公共选择理论

公共选择理论即以"公共选择"作为研究对象的经济学理论。所谓"公共选择"指的是通过政治集体行动进行政治决策以实现资源配置的过程。公共选择理论的基本假定在于每个人都是理性经济人,政治活动的参与者也不例外。由此,在公共服务提供方面,现实的政府行政机构是最大的垄断者,且极易受到利益集团和自身利益的驱使,很难真正反映和表达公众的实际需求;[5] 他们往往首先追求一己私利,然后才会考虑公共利益,这成为政府失败的根

---

① 徐增辉.新公共管理研究[D].长春:吉林大学,2005.

② 孙春霞.现代美国城市公共服务供给机制研究[D].武汉:华中师范大学,2007.

③ 顾丽梅.美国新公共服务理论之反思[J].中共浙江省委党校学报,2009(5).

④ 吴传龙.新公共服务理论及其对我国服务型政府建设的启示[D].济南:山东大学,2012.

⑤ 转引自陈干全.公共服务民营化及其政府管理研究[M].合肥:安徽大学出版社,2008:51-52.

源。公共选择理论还指出,过分信赖政府会矫正市场失灵带来的问题,这是错误的,因为政府不可能同时扮演好特定公共物品提供者和监督者或管制者的角色,相反会加剧政府低效。为此,公共选择理论强调市场的价值,主张政府应当将自己做不好和完不成的事情交给市场,通过市场竞争机制的引导,提高公共物品供给的效率,降低服务成本。

具体到公共服务供给问题,公共选择理论认为应当限制政府干预,重新界定政府与市场、政府与社会的关系,进一步打破供给机制上的公私部门之间的壁垒,引入市场竞争机制,消除政府垄断,促进公共服务供给的市场化和社会化,以真正回应并进一步满足公民的服务需求。

三、治理理论

20世纪90年代以来,西方政治学家和经济学家纷纷引入治理概念,并逐渐发展出包含治理、善治与多中心治理等内容的"治理理论"。一般而言,治理理论认为政府不是国家的唯一权力中心,各种社会或私人机构只要得到公众认可,就可以在不同层面成为社会权力的中心。其基本观点在于:公共管理的主体不仅是政府,还包括各种公共和私人机构;现代国家正把原先独自承担的责任转移给公民社会,由各种私人部门和非政府组织承担;各个社会公共机构在集体行为中,相互依赖,形成了一个自主性的网络,通过与政府在特定领域的合作来分担政府的行政职责;善治是理想的公共管理模式,其以公共利益最大化、公民认同为目标。[1]

在公共服务供给上,与政府机构相比,其他社会主体具有针对性强、花费少、效率高等特点。由此,治理理论强调,非政府组织、民营组织与公民在国家治理和公共服务供给中的作用,特别是在政府公共服务供给水平越来越难以适应公民日益增长的公共服务需求的情况下,其主张政府与社会相互合作,一起提供公共服务。具体而言,就是把公共服务的生产和供给分开,由社会和市场生产公共服务,政府通过向其购买来为公众提供服务。[2]

四、服务型政府理论

追溯政府购买公共服务的兴起与发展,不难发展,服务型政府理论对于公

---

① 贝为全.我国公共服务民营化改革问题研究[D].南宁:广西大学,2007.
② 瞿振雄.中国政府购买公共服务研究[D].长沙:湖南师范大学,2010.

共服务供给理念转变的重要影响。"20世纪70年代末以来,在先后历经以政府机构精简为重心的改革阶段和以政府职能转变为重心的改革阶段之后,我国的行政改革在探索中于世纪之交迈入了以政府治理模式变革为重心的改革新阶段,明确提出建设服务型政府。"①党的十七大报告明确指出,建设服务型政府是我国行政管理体制改革的基本方向和目标,也是我国政府发展的必然选择。综合理论研究,所谓服务型政府,其基本属性在于:(1)以为社会、为公众服务作为政府存在、运行和发展的基本宗旨;(2)政府、社会、公民处于一种良性互动的关系中,政府是在"在公民本位、社会本位理念指导下,在整个社会民主秩序的框架下,通过法定程序,按照公民意志组建起来的以为公民服务为宗旨并承担着服务责任的政府";②(3)政府的职能在于为全社会提供基本而有保障的公共产品和有效的公共服务,以不断满足广大社会成员日益增长的公共需求和公共利益诉求。

服务型政府的构建必然要求政府行为以能够提供高效、高质的公共服务,满足人民群众日益增长的物质文化需求为目标。管理即是服务,政府的全部职能归根结底就是提供公共服务。以此为出发点,当政府直接供给公共服务的模式被实践和理论普遍证明无法实现这一目标时,公共服务供给模式的转型成为必然。在政府失灵的情况下,必须转投市场,重新定位政府在公共服务供给中的角色和地位,与社会取长补短,作政府最擅长的事情。在这种模式下,政府实际上仍然居于主导地位,从而保证了人民群众仍然能够均等地享受公共服务,进而满足人民的物质文化需求。

不难发现的是,无论是从新公共管理理论到新公共服务理论,还是治理理论、公共选择理论,以及服务型政府理论,其核心都在于重新界定国家与社会、政府与市场的关系,合理分配角色、优化配置资源,以有效满足人民日益增长的物质文化需要,最终形成既充满活力有和谐有序的社会。值得注意的是,十八届三中全会的《中共中央关于全面深化改革若干重大问题的决定》(以下简称《决定》)再一次重申了这些理念在进一步深化改革中的重要作用,也为政府购买公共服务的有效开展提供了充分的政策依据。一方面,《决定》反复强调经济体制改革是全面深化改革的重点,经济体制改革的核心问题就是要合理

① 何水.国内服务型政府研究述评[J].政治学研究,2008(5).
② 刘熙瑞.服务型政府——经济全球化背景下中国政府改革的目标选择[J].中国行政管理,2002(7).

处理政府与市场之间的关系——市场在资源配置中起决定性作用,政府的职责和作用主要是保持宏观经济稳定,加强和优化公共服务,保障公平竞争,加强市场监管,维护市场秩序,推动可持续发展,促进共同富裕,弥补市场失灵。这必然要求加快转变政府职能,"深化行政体制改革,创新行政管理方式,增强政府公信力和执行力,建设法治政府和服务型政府"。《决定》也明确指出了政府与市场在公共服务供给领域的角色定位——"政府要加强发展战略、规划、政策、标准等制定和实施,加强市场活动监管,加强各类公共服务提供。……推广政府购买服务,凡属事务性管理服务,原则上都要引入竞争机制,通过合同、委托等方式向社会购买。加快事业单位分类改革,加大政府购买公共服务力度。"另一方面,合理界定国家与社会的边界,意味着承认不同社会力量在和谐社会建构中的重要作用。《决定》不仅明确了社会组织及其他社会力量在全面深化改革中的重要作用,亦反复强调要激发社会组织的活力,为社会组织的迅速发展提供有力政策支撑,从而进一步充分发挥社会组织在国家建设中的作用。如《决定》规定,"允许企业和社会组织在农村兴办各类事业。统筹城乡基础设施建设和社区建设,推进城乡基本公共服务均等化";"正确处理政府和社会关系,加快实施政社分开,推进社会组织明确权责、依法自治、发挥作用。适合由社会组织提供的公共服务和解决的事项,交由社会组织承担。支持和发展志愿服务组织。限期实现行业协会商会与行政机关真正脱钩,重点培育和优先发展行业协会商会类、科技类、公益慈善类、城乡社区服务类社会组织,成立时直接依法申请登记。"由此可见,政府购买公共服务在我国有着极为坚实且普遍公认的理论依据。

第三节　政府购买公共服务之界定

作为一种新型的政府提供公共服务的方式,政府购买公共服务旨在满足公民的服务需求,提升公共服务的质量和效率,促进政府职能的转型。厘清政府购买公共服务的内涵、明确政府购买公共服务的性质对于充分利用政府购买公共服务这种供给模式实现上述目的至关重要。

一、政府购买公共服务的内涵

(一)"政府购买公共服务"在我国规范性文件中的表述

国内涉及政府购买公共服务的规范性文件关于政府购买公共服务的界定

大体分为两类:要么分别界定政府购买公共服务的各项要素,要么直接定义。就前者而言,许多规范性文件如《广东省政府向社会组织购买服务暂行办法》《厦门市政府购买和资助社会工作服务实施办法(试行)》《徐州市人民政府关于推进市级政府购买公共服务的意见》等主要从购买主体、承接主体、购买范围、购买方式、购买程序、监督管理等角度入手;就后者而言,相关规范性文件如《指导意见》《民政部、财政部关于政府购买社会工作服务的指导意见》《珠海市人民政府办公室关于政府购买社会组织服务的实施意见》《中山市政府购买服务工作暂行办法》《佛山市政府向社会组织购买服务实施办法》《上海市闵行区规范政府购买社会组织公共服务实施意见(试行)》《北京市海淀区人民政府关于政府购买公共服务的指导意见(试行)》等。

关于政府购买公共服务的界定,这些规范性文件的共识在于以下几个方面:(1)政府购买公共服务是政府提供公共服务的一种方式;(2)购买的主体是政府,但具体范围并未确定;(3)购买的方式是政府向其他组织购买特定公共服务,即市场化、契约化方式。各规范性文件在承接主体、购买范围上却各持己见。就承接主体而言,有的仅指有资质的社会组织,如《上海市闵行区规范政府购买社会组织公共服务实施意见(试行)》《佛山市政府向社会组织购买服务实施办法》《珠海市人民政府办公室关于政府购买社会组织服务的实施意见》;有的指有资质的社会组织和政府主办的事业单位,如《北京市海淀区人民政府关于政府购买公共服务的指导意见(试行)》;有的则指企业和社会组织,如《中山市政府购买服务工作暂行办法》。民政部和财政部联合发布的指导意见中,购买对象指的是"具有专业资质的社会组织和企事业单位",而《指导意见》的规定似乎更为宽泛——"具备条件的社会力量",根据其具体规定,"具备条件的社会力量"指的是"依法在民政部门登记成立或经国务院批准免予登记的社会组织,以及依法在工商管理或行业主管部门登记成立的企业、机构等社会力量"。就购买范围而言,有的指"为社会发展和人民日常生活提供服务的事项",如《上海市闵行区规范政府购买社会组织公共服务实施意见(试行)》《北京市海淀区人民政府关于政府购买公共服务的指导意见(试行)》《珠海市人民政府办公室关于政府购买社会组织服务的实施意见》;有的则指"政府直接承担或通过事业单位承担的技术性、服务性、辅助性的公共服务事项",如《中山市政府购买服务工作暂行办法》《佛山市政府向社会组织购买服务实施办法》。民政部和财政部的指导意见的规定则相对狭窄——"社会工作服务"。《指导意见》中则指政府直接向社会公众提供的一部分公共服务事项。综合上述两点,可见2013年9月发布的《国务院办公厅关于政府向社会力量购买公共服务的指导意见》在承接主体或购买范围上的规定,与已有地方性实践相比,更具一般性和指导性。

(二)"政府购买公共服务"的学理界定

"政府购买公共服务",在西方国家与之相对应的概念有"公共服务社会化""公共服务民营化""公共服务市场化""公共服务合同外包",在我国香港地区与之相似的则称为社会福利服务资助或外判。这些概念或从运作机制—市场,或从公私关系—社会化、民营化,或从实施方式—合同外包等角度表达了与"政府购买公共服务"同质的含义。国内学界对政府购买公共服务的界定主要存在以下几种观点:

(1)政府购买(公共)服务是指政府为履行政府服务社会公众的责任与职能,通过财政支付全部或部分费用,契约化"购买"营利、非营利组织或其他政府部门等各类社会服务机构的服务,满足公众公共服务需求的政务活动。"政府出资、定向购买、契约管理、评估兑现"是政府购买(公共)服务概念含义的集中概括。①

(2)所谓"政府向社会组织购买公共服务"(purchase of service contracting),是指政府将原来直接提供的公共服务,通过直接拨款或公开招标方式,交给有资质的社会服务机构来完成,最后根据择定者或者中标者所提供的公共服务的数量和质量来支付服务费用。②

(3)政府向非营利组织或其他政府部门签订契约,由政府界定服务的种类及品质,向受托者支付费用以购买全部或部分公共服务。③

(4)政府在社会福利的预算中拿出经费,向社会各类提供社会公共服务的社会服务机构,直接拨款资助服务或公开招标购买服务。④

(5)所谓公共服务购买就是把原来由政府直接提供的部分社会服务,通过合同出租、业务分担、共同生产或解除管制等方式转交给私营公司、非政府组

---

① 郑卫东.农村社区政府购买公共服务研究[M].北京:中国社会科学出版社,2012:44.

② 王浦劬,莱斯特·M.萨拉蒙,等.政府向社会组织购买公共服务研究——中国与全球经验分析[M].北京:北京大学出版社,2010:4.

③ 虞维年.政府购买公共服务对非营利组织的冲击分析[J].中共南京市委党校南京市行政学院学报,2006(4).

④ 罗观翠,王军芳.政府购买服务的香港经验和内地发展探讨[J].学习与实践,2008(9).

织或者其他社会法人团体,由这些团体按照合同要求和"成本—效益"最优方式为公民提供公共服务。①

(6)政府将原来由直接举办的、为社会发展和人民日常生活提供服务的事项,交给有资质的社会组织来完成,并根据社会组织提供服务的数量和质量,按照一定的标准进行评估后支付服务费用。②

不难看出,尽管学理上对政府购买公共服务的界定缺乏统一性,但总的来说,也均包括了一些相似元素,即:政府购买服务的购买主体是政府,承接主体是营利、非营利组织或其他政府部门等各类社会服务机构,表现为通过政府财政支付全部或部分费用的契约化购买行为;政府以履行服务社会公众的责任与职能为目的,购买范围则是服务或公共服务;政府承担财政资金筹措、业务监督以及绩效考评的责任。③ 这也基本上反映了实践中相关规范性文件对政府购买公共服务内涵的界定,即强调市场交换。国务院在《指导意见》中也作了类似界定:政府向社会力量购买服务就是通过发挥市场机制的作用,把政府直接向社会公众提供的一部分公共服务事项,按照一定的方式和程序,交由具备条件的社会力量承担,并由政府根据服务数量和质量向其支付费用。值得一提的是,亦有学者从更加细致的角度通过识别政府购买与政府资助,结合我国政府购买公共服务的实践,区分出广义和狭义的政府购买公共服务,据其界定,在广义层面上,通常将所有政府与社会组织之间有资金往来的公共服务供给模式统称为购买服务,如将项目资助、运营补贴、公办民营等都视为购买;而在狭义层面上,则仅仅将公开招标、以合同化方式管理的合作模式称之为购买服务。④

(三)政府购买公共服务的含义

我国语境下,无论是规范性文件层面,还是理论层面,"政府购买公共服务"概念界定的争议之处多在于"承接主体"和"购买范围"。具体而言,争议的焦点在于承接主体是各类社会组织,还是也包括事业单位或者其他政府部门?购买范围只能是政府直接提供的公共服务吗? 这些都是准确界定"政府购买

---

① 周正.发达国家的政府购买公共服务及其借鉴与启示[J].西部财会,2008(5).

② 顾平安.推进政府公共服务的合同制管理[J].理论研究,2008(18).

③ 郑卫东.城市社区建设中的政府购买公共服务探讨——以上海市为例[J].广东行政学院学报,2011(1).

④ 胡薇.购买服务还是政府资助——政府向社会组织购买服务的实践含义[J].北京科技大学学报(社会科学版),2013(4).

公共服务"需要解决的问题。当然,概念之界定应当具有一般性、概括性,不应且不可能面面俱到,所以本部分只是从较为一般化的层面上对承接主体和购买范围作一探讨。

1. 购买范围

就政府购买公共服务的范围而言,需要追问的是政府可以购买的公共服务是原先由其直接提供的,还是也包括间接提供的?通过前文对规范性文件层面和学理层面的总结,细究起来,不难发现争议之所以产生,原因之一在于不同的界定采取的标准不同。就"购买范围"而言,如有的以服务的目的为标准——"社会发展和人民日常生活",有的以政府提供公共服务的方式为标准,如政府直接提供或政府通过建立事业单位间接提供。解决争议的办法就在于为判断何种公共服务适于政府购买提供一项合理的标准。是根据特定服务的原提供主体,还是根据特定公共服务的目的,抑或根据特定公共服务自身的特点?

政府购买公共服务的实施意味着政府提供公共服务方式的多元化,通过重新定义并协调政府、社会、公民三者之间的关系,提高公共服务的质量和效率。实践中,政府可以直接提供公共服务,也可以通过举办事业单位间接提供公共服务,还可以通过向社会购买公共服务满足公民的需求。首先,政府间接地通过事业单位提供的公共服务,本身就是一种政府提供公共服务的方式,政府可以通过举办事业单位提供的公共服务一般也是政府可以直接提供的公共服务,但出于保证公共服务质量和效率等权宜考虑,才采用间接方式,在确定政府购买公共服务的范围时,没有必要明确指出这一点,只能徒增混淆。其次,根据《国务院办公厅关于政府向社会力量购买公共服务的指导意见》的规定,政府向社会力量购买公共服务的主体是各级行政机关和参照公务员法管理、具有行政管理职能的事业单位、纳入行政编制管理且经费由财政负担的群团组织,即购买主体"政府"并不是狭义观念上的行政机关,从这一点出发,将政府直接提供的公共服务与政府间接地通过举办事业单位提供的公共服务并列规定,更无必要。不言而喻的是,并非政府直接承担的公共服务都可以采用购买的方式向社会提供,只有那些适合采取市场化方式提供的公共服务才可以。此外,以政府提供公共服务的目的,如社会发展,满足人们的日常生活需要来界定购买范围,显然没有抓住问题本质。由此,政府购买公共服务的范围大致可以界定为:原由政府直接提供的且适合采取市场化方式提供的公共服务。

2.承接主体

"承接主体"备受争议的原因,一方面可能是在承接主体的实际范围上确实存在差异,另一方面或者说主要原因则在于涉及承接主体的相关术语使用混乱,或者混淆了相关概念。在前文列举的规范性文件中,所谓的承接主体大致包括以下几类:(1)社会组织;(2)社会服务机构;(3)社会力量;(4)社会法人团体;(5)其他政府部门;(6)政府举办的事业单位。其中使用"社会组织"的居多。

《指导意见》作为最具指导意义的规范性文件,使用了"社会力量"一词,据其解释,承接主体包括依法在民政部门登记成立或经国务院批准免予登记的社会组织,以及依法在工商管理或行业主管部门登记成立的企业、机构等社会力量,且必须是独立的法人。由此,承接主体可以是营利性的,也可以是非营利性的,其范围与社会法人团体——私营公司、非政府组织或者其他社会法人团体——的表述大体一致。而社会组织一词则有广义和狭义之分,广义的社会组织是指除了党政机关、企事业单位以外的社会中介性组织;狭义的社会组织是指由各级民政部门作为登记管理机关,纳入登记管理范围的社会团体、民办非事业单位和基金会这三类社会组织。[①] 无论是广义的社会组织,还是狭义的社会组织,都以非营利性为其主要特点。通常意义上的社会组织就是指得狭义的社会组织。由此,社会力量、社会法人团体包含了狭义的社会组织,与广义的社会组织有所交叉。而社会服务机构的范围更为宽泛,包括政府、群团组织、社会公益类事业单位三大方面。问题在于承接主体应该具有何种一般性特征?是否可以为营利机构?是否可以为政府部门?

承接主体的确定还是应该从政府购买公共服务的兴起背景与目的出发。政府购买公共服务这种方式之所以兴起与政府自身供给公共服务能力不足与公民服务需求不断提高有很大关系,正因为迎合了社会环境需要,这种方式应运而生。能否充分发挥政府购买公共服务的功能,提高公共服务质量和效率决定了承接主体的设定。政府购买公共服务采取一种市场化的运作方式,似乎没有必要把企业等营利性组织排除在外,更何况营利性组织可能更加制度化、规范化,其利益与公共服务的提供效果密切相关,其趋利性更有利于实现政府购买公共服务的目的。而且政府购买公共服务的关键之一就是购买主体

---

① 王浦劬,莱斯特·M.萨拉蒙,等.政府向社会组织购买公共服务研究——中国与全球经验分析[M].北京:北京大学出版社,2010:4.

的监督评估,这就对提供公共服务的营利组织构成很大约束。事实上,确定承接主体的关键在于是否具备提供公共服务的一定资质,在此,如国务院办公厅、民政部和财政部的指导意见所规定的,必须是独立的法人,能够独立承担民事责任是一项必要条件。就其他政府部门而言,其并不适合作为承接主体。因为政府购买公共服务就是要将原由政府直接提供的公共服务转交给社会提供,如以其他政府部门为承接主体,实质上还是政府直接提供公共服务,况且政府部门之间的公共服务购买如同自己购买自己的服务,实无必要,权力滥用的风险也大。此外,"社会法人团体"这一表述并不规范,其与"社会团体法人"这一术语较易混淆,社会团体法人区别于企业法人。由此,承接主体可以界定为具备资质的社会力量,或者更具体一点,具备资质的社会组织和企事业单位。

3."购买"含义的确定

在确定了购买范围与承接主体这两项关键要素之后,还应追问的是何谓"购买",也即购买方式问题。通常意义理解的"购买",即等价交换,"一手交钱,一手交货",也就是说强调市场机制。《指导意见》规定"发挥市场机制作用","按照一定的方式和程序",显然对购买方式采取了开放性的态度。但从文义解释出发,这里的"方式和程序"应当体现市场化特点,既包括承接主体的确定方式,也包括购买项目的实施方式,且主要体现为前者。因为所谓"市场机制作用"旨在通过竞争优胜劣汰,保证公共服务的质量,所确定的公共服务购买项目的承接主体直接决定了公共服务供给的质量。就此而言,无论现有涉及政府购买公共服务的规范性文件,还是理论上的研究,多要求按照《政府采购法》第二十六条的规定,采用公开招标、邀请招标、竞争性谈判、单一来源采购、询价等方式,保证承接主体的确定公开、公平、公正。颇为遗憾的是,实践中,由于种种原因,部分公共服务购买项目暂未通过上述方式确定购买主体,而是为了扶持社会组织的发展,往往通过定向购买的方式,直接"给"特定社会组织项目。相较于承接主体的确定方式而言,购买项目的实施方式则显得杂乱多元。根据王浦劬教授的讨论,就国外而言,至少存在分类财政补贴(中国香港、德国)、政府拨款补助(匈牙利、韩国)、外包合同(普遍存在)、贷款和贷款担保(英格兰)、消费券(法国、德国、荷兰、美国)、特殊税收规定等,据此,王浦劬教授指出"外包形式应多种多样,而不只是合同形式"。就当前我国政府购买公共服务的实施情况来看,主要包括合同制、直接资助制和项目申请制。合同制即由购买者与社会组织签订服务合同,根据合同约定购买者向社会组织支付一定费用,由社会组织承担特定公共服务项目;直接资助制即政府对于承担公共服务职能的民办机构和组织给予一定资助,既有经费资助,也有实物资助,还有优惠政策扶持;项目申请制即购买者设计特定目标的专项项目,面向社会公共招标,由承接者根据项目要求提供服务;或者由社会组织根据需求,主动向政府有关部门提出要求申请立项,经过评审后,以项目方式予以资金支持。这种杂乱多元可能与对政府购买公共服务方式的认识差异或观察视角不同有关,可参考总报告部分对政府购买公共服务与政府采购关系的讨论。

由此,根据上文的分析,政府购买公共服务可以界定如下:政府将原由其直接提供的且适于市场化的公共服务事项,按照一定的方式和程序,交由具备资质的社会力量(或者具备资质的社会组织和企事业单位)承担,并按照服务数量和质量支付费用的公共服务供给方式。

二、政府购买公共服务的性质

根据《政府采购法》第 2 条的规定,"本法所称政府采购,是指各级国家机关、事业单位和团体组织,使用财政性资金采购依法制定的集中采购目录以内的或者采购限额标准以上的货物、工程和服务的行为。……本法所称采购,是指以合同方式有偿取得货物、工程和服务的行为,包括购买、租赁、委托、雇佣等。……本法所称服务,是指除货物和工程以外的其他政府采购对象。"从文义解释的角度,不难发现,《政府采购法》必然包含了"政府购买公共服务",其中,"购买"乃采购的一种方式,"服务"乃政府采购对象之一,"公共服务"必然属于"服务"。然而,颇为诧异的是,由于《政府采购法》以排除方式反向界定"服务",细化的《政府采购品目分类表》也只罗列了印刷出版、咨询、信息服务、维修、保险、租赁、交通车辆维护、会议、培训、物业等十大类行政部门的后勤服务,并未包括诸如教育、公共卫生、社会福利等基本的公共服务,甚至曾一度征求意见的《中华人民共和国政府采购法实施条例(征求意见稿)》第 4 条第 3 款也只规定了,"政府采购法第二条所称服务,是指除货物和工程以外的政府采购对象,包括各类专业服务、信息网络开发服务、金融保险服务、运输服务,以及维修与维护服务等",均未明确"公共服务"在政府采购中的地位,因此,时有学者质疑政府购买公共服务与政府采购之间的关系者。

理论上,关于政府购买公共服务性质的界定主要包括三种观点:(1)社会组织发展说,认为可移植或借鉴欧美国家公共管理经验,通过招标、委托或资助方式,由政府购买民间组织提供的服务,重在通过培育与促进社会组织的发展,提高社会管理和服务水平;(2)行政职能委托说,认为政府承担的公共服务职能或公益性服务，在人手缺乏、精力不济等情形下，符合法定要求且具备财力、物力的，可通过委托代理等方式，雇佣专门机构或依托相关企事业单位、社区服务机构及社会组织提供服务与管理，重在提高公共管理水平并扩大就业、促进经济社会和谐发展；(3)传统政府采购延伸说，其认为政府购买服务是政府采购服务项目的另一种称谓，需要遵循政府采购法律法规，在现行政府采购框架内，对纳入采购目录的服务项目采取竞标集中采购与项目合同管理，重在规范采购流程，减低采购成本，提高财政资金使用效率。① 无论是社会组织发展说，行政职能委托说，还是传统政府采购延伸说，均反映了当前我国政府购买公共服务的实践现状，即政府首先尝试着把原先由之直接提供的部分公共服务转移给社会力量承担，但由于我国社会力量，尤其社会组织发展虽然迅猛但不够成熟，政府购买公共服务反而成为促进社会组织发展的重要手段。为了规范政府购买公共服务，无论是政策制定，还是运作过程上，政府均尽力移用政府采购的相关规定。然而，若要论及政府购买公共服务的"性质"，社会组织发展说和行政职能委托说只是抓住了政府购买公共服务所带来的效益，并非性质界定，因之，应当以传统政府采购延伸说，甚至政府采购说为恰当，即政府购买公共服务就是政府采购服务的一种。

实际上，近年来，国内关于政府购买公共服务的相关规范性文件以及实践也主要在《政府采购法》的框架下展开，② 同时，政府采购目录中"服务"一项的内容也不断扩大，逐渐将一些公共服务领域纳入其中。如 2012 年，《政府采购品目分类目录(试用)》极大扩充了"服务"类的内涵，不仅将电信、水利管理、能源、金融、交通运输、公共设施管理等服务作为购买内容，而且单列出教育服务、医疗卫生和社会服务、文化体育娱乐服务、坏境服务、科学研究和试验开发等社会组织为重要提供主体的公共服务。2013 年 10 月 29 日，财政部发布的《政府采购品目分类目录》中"服务"项下也包含了诸多公共服务领域，如环境服务、医疗卫生和社会服务、文化、体育、娱乐服务等。

值得注意的是，政府购买公共服务与传统的政府采购服务(政府后勤服务)还是有着明显区别：(1)除采购当事人外，与传统采购相比，政府购买公共服务还强调服务对象的重要性——服务对象在政府购买公共服务项目的确定

---

① 马俊达,冯君懿.政府购买服务问题研究(上)[J].中国政府采购,2011(6).

② 如《指导意见》《中山市政府购买服务工作暂行办法》《民政部、财政部关于政府购买社会工作服务的指导意见》《宁波市政府服务外包暂行办法》《北京市海淀区人民政府关于政府购买公共服务的指导意见(试行)》等都明确指出以《政府采购法》为指导。

及实施评价中发挥了重要的作用;(2)服务供给的非营利性,采购服务的供给主体主要是相关领域社会组织,它们都是法定的非营利机构;(3)采购方式的创新性,传统的政府采购以项目为载体实行采购,而以购买项目与购买岗位相结合的政府购买公共服务方式,在较长一段时期内将普遍存在,但会逐步向整体项目购买方向发展;(4)采购监管的自律性,政府购买公共服务项目分属相关行业相关领域,公共服务供给主体与行业的联系一般较为紧密。① 但总的来说,政府购买公共服务立法应当在《政府采购法》的框架下展开,细化《政府采购法》中关于政府采购服务的规定,并结合公共服务供给自身的特性,规范政府购买公共服务的运作。

---

① 马俊达,冯君懿.政府购买服务问题研究(上)[J].中国政府采购,2011(6).

第三章　分报告二:中国政府购买 公共服务现状研究

　　从 20 世纪 90 年代末至今,我国政府购买公共服务实践业已经过二十余年。伴随着市场经济的迅速发展,政府购买公共服务模式也迅速地由最初的东部经济发达的大城市向中西部的中小城市扩张,一方面,地方政府关于政府购买公共服务的规定和政策日益细化和放宽,另一方面,中央政府对政府购买公共服务更是鼓励有加,并呈现出政策乃至规范统一化的趋势。

第一节　中国政府购买公共服务的兴起与发展

一、中国政府购买公共服务的兴起背景

（一）国际背景

　　自 20 世纪七八十年代以来,伴随着新公共管理运动的发展,政府购买公共服务作为一种新型的公共服务提供模式迅速获得许多国家和地区的青睐,成为一种世界趋势。国外政府购买公共服务的实践表明,通过公共服务供给模式的改革,一方面,社会大众的服务需求能够得到较为有效的满足,缓和社会紧张关系;另一方面,政府在公共服务供给模式改革的过程中逐渐实现了职能的转变,以公共服务为目的的政府成为潮流,同时,政府与社会组织、市场之间的关系日渐协调,为公共服务的供给创造了良好的社会制度环境。西方发达国家顺应新公共管理运动的发展推行公共服务市场化、社会化,这对我国行政体制改革及服务型政府的建构起到了示范作用,理论与实务都开始广泛关注公共服务供给模式的转变,对国外政府购买公共服务制度的引介蔚然成风。学界普遍主张政府改革必须摒弃全能政府理念,构建有限政府,即将不该由政府承担或适于社会承担的职能转移出去,实现职能转变。

（二）国内背景

当下,我国正处于由计划经济体制向市场经济体制的转型时期。在计划经济体制下,行政无处不在,泛行政现象十分突出,[①]政府垄断公共服务。1988年3月第七届全国人大第一次会议通过决议,决定对政府机构进行新的全面性改革,推进党政分开、政企分开。政府改革促进了政府与社会、政府与市场、政府与企业的分离,行政有着缩小的趋势。但伴随着改革开放以来市场经济的发展,人民群众的生活水平大幅提高,公共服务的需求逐渐呈现出多样性、复杂性的特点。在公共服务领域,一方面,政府作为公共服务的直接供给者,垄断公共服务供给,这种一元化的管理模式与公共服务需求的多元化之间的矛盾日渐尖锐,政府工作人员与社会公众之间在公共服务与公共事务层面的矛盾纠纷层出不穷。另一方面,在政府直接提供公共服务的模式下,由于行政本身所固有的效率低下、不讲成本等特点以及政府人力、财力等行政资源的匮乏,导致公共服务供给远无法满足人民群众需求,其质量也备受诟病。与此同时,市场经济的发展也促进了社会保障、社会自治与公共治理的发展,社会组织迅猛发展,数量不断增加,而国家对社会组织的政策在经历了由先发展到控制,再到引导变迁的过程,政府越来越意识到社会组织已经成为协调经济社会发展,参与社会公共事务管理,有效提供公共服务的重要力量。

二、中国政府购买公共服务的发展过程

我国的政府购买公共服务兴起于20世纪末。1995年,上海市浦东新区的"罗山会馆"建设采取了社会发展局提供土地和房屋,并承担改建费用,区社会发展基金会运用社会捐款投资会馆的主要设施,基督教青年会承担会馆的管理的共建方式。这是中国最早的政府向非营利组织购买公共服务的探索。进入21世纪,伴随着政府职能逐步转型,政府购买公共服务由地方到中央,迅速在全国各地展开。2000年民政部联合11部委在《关于加快实现社会福利社会化的意见》中提出了推进社会福利社会化的总体要求。2003年以来,上海、北京、无锡、浙江、广东等各地方政府向民间组织购买公共服务的探索不断增多,形式也比较多样。2004年的国务院《依法行政实施纲要》第6条规定,"……强化公共服务职能和公共服务意识,简化公共服务程序,降低公共服务成本,逐步建立统一、公开、公平、公正的现代公共服务体制。"2005年12月

---

① 余凌云.公共行政变迁之下的行政法[J].华东政法大学学报,2010(5).

19 日,国务院扶贫办、亚洲开发银行、江西省扶贫办和中国扶贫基金会在北京启动"非政府组织与政府合作实施村级扶贫规划试点项目",这是第一个通过规范程序招标进行的公共服务购买项目,标志着服务购买开始进行规范化的试点。与此同时,各地方政府相继出台了针对本地政府购买公共服务的"指导意见"或"暂行办法",政府购买公共服务呈现出规范化趋势。

　　2006 年 5 月《国务院关于加强和改进社区服务工作的意见》明确提出要"进一步推进社会福利社会化","积极探索通过政府'购买服务'、项目管理等多种形式,调动社会组织参与社区服务的积极性,促进公共服务社会化"。2009 年,九部委联合发布了《关于鼓励政府和企业发包促进我国服务外包产业发展的指导意见》。2012 年 3 月,温家宝总理在第十三次全国民政会议上首次提出:"政府的事务性管理工作、适合通过市场和社会提供的公共服务,可以以恰当的方式交给社会组织、中介机构、社区等基层组织承担,降低服务成本,提供服务效率和质量。"同月,《中央财政支持社会组织参与社会服务项目公告》发布,决定以中央财政专项资金支持社会组织参与社会服务。2012 年 7 月,政府购买公共服务的供给方式被纳入《国家基本公共服务体系"十二五"规划》。随后,2012 年 11 月的《民政部、财政部关于政府购买社会工作服务的指导意见》以及 2013 年 9 月的《国务院办公厅关于政府向社会力量购买服务的指导意见》(以下简称《指导意见》)则对政府购买公共服务作出了更为细致的规定。此后,十八届三中全会进一步明确,"推广政府购买服务,凡属事务性管理服务,原则上都要引入竞争机制,通过合同、委托等方式向社会购买。"我国政府购买公共服务逐渐走向规范化、制度化。财政部发布的《2014 年政府采购工作要点》中更是指出,"积极推进政府购买服务工作:制定推进和规范服务项目政府采购工作的相关措施,鼓励各地积极开展政府购买服务试点。在对服务项目需求进行科学分类的基础上,按照方式灵活、程序简便、竞争有效、结果评价的原则组织开展政府购买服务工作。同时,围绕财政支出保障重点,继续推进政府采购扩面增量工作。"

　　与西方相比,我国政府购买公共服务的理论与实践虽然起步较晚,但发展却较为迅速,逐渐由向西方社会管理制度模仿学习的阶段转向适应自身发展的阶段,基于中国独特的社会环境,在实践领域实现了组织及社会管理创新。① 政府购买服务已经成为中国政府实施公共管理的一项重要措施,地域范围从经济发达地区的大中型城市向内地较发达地区的城市,由城市向农村推进;购买范围也在逐渐扩大,从社会工作服务扩张至其他各类适合社会力量承担的公共服务;服务的承担者更是趋于多元化。与此同时,当前政府购买公共服务的弊端也逐渐显露,诸如规范依据不足、实际操作不公正、社会组织不够成熟的指责,日渐增多。

第二节　政府购买公共服务的规范制定

截至 2014 年 8 月 31 日,以北大法宝数据库为参考,已经收集到直接涉及政府购买公共服务的规范资料 83 份,其中一般规定 42 份,专项规定 20 份,涉及购买与实施的规定 21 份,如表 3-1 所示。尽管囿于信息公开的不充分性以及数据库之局限,所收集到的规范很可能并未穷尽当前直接涉及政府购买公共服务的所有文本,但从目前收集到的文本出发,亦能窥见我国政府购买公共服务的基本规范轮廓。首先,自 21 世纪以来,我国部分地区逐渐开始出现试图将政府购买特定类型的公共服务规范化的努力,尤其是近几年来,规范化的趋势越来越明显,并且政府购买公共服务的范围不断扩大:购买对象上,延及整个公共服务层面;购买主体上,呈现出由中央到地方的普遍支持与参与;承接主体上,扩及有资质承担公共服务的所有社会力量。其次,尽管实践及规范性文件层面上,政府购买公共服务日渐繁盛,但不无遗憾的是,当前的规范性文件仅停留在政策推动层面,规范与效力等级不高,使得政府购买公共服务仍然事实上处于无法律依据可循的状态,这在很大程度上造成了实践中政府购买公共服务的实施缺乏统一标准。再次,现有规范性文件关于政府购买公共服务的规定呈现出概括化、笼统化的特征,尽管部分省市不断出台其他的补充性文件,如关于政府购买公共服务指导目录、社会组织扶持与遴选等,但这反而说明了当前规定的散乱与不集中,尚未有效整合。最后,近年来,尤其自2013 年以来,政府购买公共服务因国务院指导意见的发布,可谓全面铺展开来,形成了各部门联动推进政府购买公共服务的局面。从内容上来说,关于政

---

① 陆春萍.我国政府购买公共服务的制度化进程分析[J].华东理工大学学报(社会科学版),2010(4).

府购买公共服务的一般规定多注重从购买主体、承接主体、购买范围、购买与实施等角度出发,明确政府购买公共服务的基本运作框架,指导实践运作;而专项规定方面则以社会工作服务、基本交通服务领域为盛,尤其自 2012 年《民政部、财政部关于政府购买社会工作服务的指导意见》发布实施以来,社会工作服务方面的购买更是如火如荼。基于研究需要,课题组主要从购买主体、承接主体、购买范围、购买与实施四个方面,进一步明确当前我国政府购买公共服务的基本架构。

表 3-1　国内政府购买公共服务规范情况

类型	名称	发布时间
一般规定	财政部关于做好政府购买服务工作有关问题的通知	2013.12.4
	国务院办公厅关于政府向社会力量购买服务的指导意见	2013.9.26
	山西省政府购买服务暂行办法	2014.5.16
	广西壮族自治区人民政府办公厅关于政府购买服务的实施意见	2014.4.8
	吉林省人民政府办公厅关于政府向社会力量购买服务的实施意见	2014.2.22
	河北省人民政府办公厅关于政府向社会力量购买服务的实施意见	2014.1.27
	湖北省人民政府办公厅印发关于政府向社会力量购买服务实施意见(试行)的通知	2014.1.27
	安徽省人民政府办公厅关于政府向社会力量购买服务的实施意见	2013.12.29
	山东省人民政府办公厅关于印发政府向社会力量购买服务办法的通知	2013.11.12
	江苏省人民政府办公厅印发关于推进政府购买公共服务工作指导意见的通知	2013.10.21
	广东省人民政府办公厅印发政府向社会组织购买服务暂行办法的通知	2012.5.24
	湖南省政府服务规定(政府规章)	2011.5.11
	云南省关于控制财政供养人员增长推行政府购买服务工作的意见(试行)	2009.1.7
	西宁市人民政府关于印发 2014 年西宁市政府购买服务工作方案的通知	2014.5.15
	天津市财政局关于政府向社会力量购买服务管理办法	2014.2.13
	江门市政府向社会组织购买服务监督管理暂行办法	2014.1.8

续表

类型	名称	发布时间
	梅州市人民政府办公室关于印发政府向社会力量购买服务实施暂行办法的通知	2013.12.30
	无锡市人民政府关于全面深化政府向社会力量购买服务的贯彻实施意见	2013.12.12
	滨州市人民政府关于推进政府向社会力量购买服务的实施意见	2013.11.14
	蚌埠市人民政府关于印发政府向社会组织购买服务暂行办法的通知	2013.10.25
	合肥市政府购买社会服务办法(试行)	2013.10.9
	湘潭市城区政府购买居家养老服务试行办法	2013.9.16
	徐州市人民政府关于推进市级政府购买公共服务的意见	2013.6.25
	肇庆市人民政府办公室关于印发肇庆市政府购买社会组织服务实施意见的通知	2012.2.11
	湛江市人民政府关于印发政府购买社会组织服务的实施意见(暂行)的通知	2012.11.14
	佛山市政府向社会组织购买服务实施办法	2012.11.2
一般规定	惠州市人民政府印发政府向社会组织购买服务工作方案及相关文件的通知	2012.8.1
	扬州市关于实行政府购买社会组织服务的指导意见	2011.12.28
	温州市人民政府办公室关于政府购买社会组织服务的实施意见	2011.11.21
	广州市简政强区(县级市)事权改革政府购买服务管理办法	2011.11.19
	珠海市人民政府办公室关于政府购买社会组织服务的实施意见	2011.7.25
	巴彦淖尔人民政府办公厅关于印发直属机关和事业单位政府购买服务实施办法(试行)的通知	2011.5.23
	中山市政府购买服务工作暂行办法	2011.3.29
	杭州市人民政府关于政府购买社会组织服务的指导意见	2010.11.9
	宁波市政府服务外包暂行办法(政府规章)	2009.11.24
	成都市人民政府关于建立政府购买社会组织服务制度的意见	2009.12.14
	上海市徐汇区关于政府购买社会工作服务的实施意见(试行)	2013.8.28
	上海市杨浦区政府购买社会组织公共服务实施办法(试行)	2012.7.1
	上海市静安区关于政府购买社会组织公共服务的实施意见(试行)	2011.7.5

续表

类型	名称	发布时间
一般规定	上海市闵行区关于规范政府购买社会组织公共服务实施意见(试行)	2010.3.26
	嘉善县人民政府办公室关于加快推进政府购买社会组织公共服务的指导意见	2012.12.12
	北京市海淀区人民政府关于政府购买公共服务的指导意见(试行)	2006.11.22
专项规定	财政部、民政部、住房和城乡建设部等关于做好政府购买残疾人服务试点工作的意见	2014.4.23
	财政部关于政府购买服务有关预算管理问题的通知	2014.1.24
	民政部、财政部关于政府购买社会工作服务的指导意见	2012.11.14
	财政部关于开展政府购买社区公共卫生服务试点工作的指导意见	2007.12.24
	山西省人民政府办公厅关于政府购买基层公共服务岗位吸纳高校毕业生就业的意见	2014.5.16
	广东省民政厅关于进一步规范民政服务领域政府购买和资助社会工作服务的通知	2013.9.24
	黑龙江省财政厅、省卫生厅关于印发推进政府购买城市社区公共卫生服务试点工作实施方案的通知	2008.5.27
	山东省卫生厅关于做好政府购买城市社区公共卫生服务项目管理工作的通知	2007.10.10
	XM市政府购买和资助社会工作服务实施办法(试行)	2013.3.5
	黑河市人民政府办公室关于印发黑河市人民政府购买城市社区公共卫生服务试点工作方案的通知	2008.10.16
	杭州市政府购买出租车综合服务区日常服务实施办法	2008.8.5
	杭州市关于政府购买城市公交服务的实施意见	2007.10.23
	淄博市人民政府办公厅关于印发政府购买城市社区公共卫生服务实施方案(试行)的通知	2007.8.13
	上海市杨浦区政府购买科技中介服务试行办法	2004.9.29
	天津市劳动和社会保障局关于政府购买公益性岗位把再就业消毒保洁队转建为公益化就业组织的通知	2003.6.16
	太原市人民政府办公厅转发市劳动和社会保障局市财政局关于政府购买岗位安置就业困难人员实施办法的通知	2003.4.21
	合肥市就业和社会保障工作领导小组印发合肥市关于政府购买公益性岗位有关问题的实施意见	2002.10.22

续表

类型	名称	发布时间
专项规定	江西省劳动和社会保障厅关于政府购买培训成果实施意见	2002.7.19
	上海市劳动和社会保障局关于在本市职业见习计划中实施政府购买社会中介机构工作成果的操作意见的通知	2002.5.28
	秀山土家族苗族自治县人民政府办公室关于购买城市公共交通汽车客运服务有关事项的通知	2013.11.29
购买与实施	财政部关于推进和完善服务项目政府采购有关问题的通知	2014.4.14
	山东省民政厅关于确定具备承接政府职能转移和购买服务条件的社会组织指导意见	2014.1.14
	广东省《2012年省级政府向社会组织购买服务目录(第一批)》	2012.5.31
	安徽省政府购买社区公共卫生服务考核办法	2008.5.28
	天津市财政局关于印发2014年天津市政府向社会力量购买服务指导性目录的通知	2014.3.14
	义乌市政府向社会组织购买服务指导目录(第一批)	2014.4.28
	江门市建立和完善社会组织参与社会管理工作体系实施方案	2014.1.8
	合肥市加快培育发展社会组织办法(试行)/合肥市社会服务人才队伍建设办法(试行)/合肥市社会服务平台认定与补助办法(试行)	2013.10.9
	杨浦区政府购买社会组织公共服务项目绩效评估办法(试行)	2013.9.30
	汕头市具备承接政府职能转移和购买服务资质的社会组织目录管理办法(试行)	2013.9.24
	遂宁市政府向社会组织购买服务项目目录(2013—2014年度)	2013.5.4
	2013年东莞市级政府向社会组织购买服务目录(第一批)	2013.3.29
	广州市政府购买社会服务评估人员名单数据库管理办法(试行)	2012.9.13
	佛山市级政府向社会组织购买服务指导目录(第一批)	2012.11.30
	深圳市民政局关于调整政府购买社工服务资金使用标准的通知	2012.4.18
	东莞市政府购买社会工作服务考核评估实施办法(试行)	2011.3.1
	广州市政府购买社会服务考核评估实施办法	2010.7.23
	中山市政府购买社工服务项目评估指引	2012.10.13
	中山市社会工作专业人员薪酬标准指引	2012.10.13
	中山市政府购买社工服务项目规范指引	2012.10.13
	中山市社会工作专业服务标准指引	2012.10.13

一、购买主体

政府购买公共服务必然导致政府角色的转变,其意味着纯粹由政府直接提供公共服务的供给模式转向政府与社会通过购买形式相互合作提供公共服务的供给模式,政府"掌舵而非划桨"。由是,在政府购买公共服务的供给模式下,明确购买主体范围,即"政府"范围及其角色定位,至关重要。购买主体的确定也就成为部分省市政府购买公共服务规范文件的必然内容。

从所收集到的国内规范性文件来看,[①] 相关省市对作为购买主体的"政府"是否有必要予以充分界定态度不一。有的省市似乎认为"政府"之内涵与外延不言自明,所以自动忽略对购买主体的界定,如厦门市、成都市等。通常意义上,人们常常将"政府"概念与行政机关直接画等号,然而,实务中,以"政府"名义执行行政管理职能的组织团体远不仅限于行政机关。因而,大部分省市还是对"政府"概念作了充分界定。综合上表所述,不难发现,政府购买公共服务之"政府"主要包括三类:(1)各级行政机关;(2)参照公务员法管理,具有行政管理职能的事业单位;(3)纳入行政编制管理且经费由财政负担的群团组织。进言之,这三类购买主体大致具有以下特征:(1)纳入行政编制管理;(2)承担行政管理职能或公共服务职能;(3)经费由财政负担。这与政府购买公共服务的理念相互契合,凸显了政府购买公共服务在缓解财政压力、弥补公共服务供给缺漏上的作用。正如前文所述,一方面,政府购买公共服务指的是,原先承担公共服务职能的"政府"由直接供给者转变为监督者,其只能购买原先就是由自己提供的公共服务;另一方面,即使在政府直接供给公共服务的模式下,在我国的公共服务供给系统下,供给主体还是具有多元化的特征,这反过来说明了传统政府退居二线,由社会力量直接提供公共服务的可行性。"纳入行政编制管理"以及"经费由财政负担"是所谓"政府"的基本特征,财政支持范

---

① 关于"购买主体"的讨论,主要参考了《国务院办公厅关于政府向社会力量购买服务的指导意见》《民政部、财政部关于政府购买社会工作服务的指导意见》《广东省政府向社会组织购买服务暂行办法/惠州市政府向社会组织购买服务工作方案》《山东省政府向社会力量购买服务办法》《中山市政府购买服务工作暂行办法》《佛山市政府向社会组织购买服务实施办法》《宁波市政府服务外包暂行办法》《巴彦淖尔市直属机关和事业单位政府购买服务实施办法(试行)》《徐州市人民政府关于推进市级政府购买公共服务的意见》《嘉善县人民政府办公室关于加快推进政府购买社会组织公共服务的指导意见》等。

围内的公共服务供给项目是政府所购买公共服务的应然范围。

值得注意的是,《指导意见》在购买主体方面实际上采取了比较审慎的态度,即"参照公务员法管理、具有行政管理职能的事业单位","纳入行政编制管理且经费由财政负担的群团组织,也可根据实际需要,通过购买服务方式提供公共服务",即(1)购买主体的确定以承担公共服务为前提;(2)购买主体不宜泛化,由事业单位和群团组织承担公共服务本质上也是分担政府公共服务供给职能,其存在的意义直接取决于此,如果宽泛地允许所有现行承担公共服务职能的组织机构都能以购买的方式供给公共服务,其意义也就不在。这也就无怪乎国务院办公厅文件对事业单位与群团组织作了重重限制,而且对事业单位资格的限制实际上与事业单位体制改革相呼应。正如财政部负责人在针对国务院文件答记者问时所指出的,购买主体上主要有以下方面考虑:一是目前存在一些具有行政管理职能的事业单位,如环境保护督查监管机构、海洋维权巡航执法机构等,这类事业单位的改革方向是转为行政机关,将其纳入购买主体,有利于政府向社会力量购买服务工作与事业单位分类改革工作相衔接;二是从事公益服务的事业单位,如公立医院、公立学校等,是政府设立的提供特定公共服务的主体,其中涉及的购买服务问题宜结合事业单位分类改革进展情况逐步研究推进;三是群团组织主要是指妇联、工会、团委等,这些单位一直纳入行政编制并按照公务员管理,经费也由国家财政负担,虽然不属于行政机关,但其工作职责和提供的服务也可以采取向社会力量购买服务的方式。

二、购买范围

中央层面上,关于政府购买公共服务的细致规定经历了"社会工作服务"到"公共服务"的转变,政府购买公共服务的范围有所扩大。"购买范围"的厘定关系到政府购买公共服务制度能否充分发挥提高公共服务供给效率和质量,促进政府职能转型的功能。自政府购买公共服务模式在我国生根发芽以来,不少规范性文件都对这一要素作出了或具体、或概括的规定。①

　　首先,现有规范性文件多以"政府向社会组织购买服务""政府向社会组织购买公共服务"为对象,所以在购买范围上,有的界定的是"服务"的范围,有的界定的是"公共服务"的范围。从立法研究的角度出发,在界定"购买范围"时,必须对两者予以区分,"服务"的范围远远大于"公共服务"。从上述规定来看,"服务"一般包括了公共服务和管理、政府履行职责所需的服务等,直观地来说,通常意义的公共服务应当区别于政府履行职责所需的服务。然而,值得注意的是,如徐州市则认为公共服务包括由市级财政性资金安排并由市级购买主体负责组织实施的具有公益性的社会公共服务与管理事项,以及购买主体履行职责所需要的服务事项,即不仅包括面向社会的社会公共服务和管理事项,也包括面向购买主体的履行职能所需的服务。在广东省及其一些市的规定中,则在"服务"项下,区分了社会公共服务及公共管理事项与政府履行职责所需要的服务,珠海市则将前者统称为"服务",公共管理事项也即行业性服务、社会事务管理与服务等,也就是说公共管理事项也就是管理性服务,属于公共服务的范畴。由此,公共服务的内涵还有待于理论上的进一步廓清。

　　其次,对于购买范围的界定模式,大致可以分为三类:(1)一般界定,即只

---

　　① 关于"购买范围"的讨论,主要参考了《国务院办公厅关于政府向社会力量购买服务的指导意见》《财政部关于推进和完善服务项目政府采购有关问题的通知》《民政部、财政部关于政府购买社会工作服务的指导意见》《湖南省政府服务规定》《山东省政府向社会力量购买服务办法》《江苏省人民政府办公厅印发关于推进政府购买公共服务工作指导意见的通知》《宁波市政府服务外包暂行办法》《上海市静安区关于政府购买社会组织公共服务的实施意见(试行)》《上海市杨浦区政府购买社会组织公共服务实施办法(试行)》《云南省关于控制财政供养人员增长推行政府购买服务工作的意见(试行)》《佛山市政府向社会组织购买服务实施办法》《广东省政府向社会组织购买服务暂行办法》《惠州市政府向社会组织购买服务工作方案》《湛江市政府购买社会组织服务的实施意见(暂行)》《中山市政府购买服务工作暂行办法》《杭州市人民政府关于政府购买社会组织服务的指导意见》《北京市海淀区人民政府关于政府购买公共服务的指导意见(试行)》《厦门市政府购买和资助社会工作服务实施办法(试行)》《巴彦淖尔市直属机关和事业单位政府购买服务实施办法(试行)》《徐州市人民政府关于推进市级政府购买公共服务的意见》《成都市人民政府关于建立政府购买社会组织服务制度的意见》《新乡市人民政府办公室关于乡镇政府购买公共服务工作的实施意见》《珠海市人民政府办公室关于政府购买社会组织服务的实施意见》《肇庆市政府购买社会组织服务实施意见》《扬州市关于实行政府购买社会组织服务的指导意见》《嘉兴关于加快推进政府购买社会组织公共服务的指导意见》《温州市人民政府办公室关于政府购买社会组织服务的实施意见》等。

规定可以通过政府购买的公共服务的一般性标准,如《北京市海淀区人民政府关于政府购买公共服务的指导意见(试行)》、中山市;(2)具体列举结合兜底条款,即具体列举政府可以购买公共服务的内容,如成都市、嘉兴市、肇庆市等;(3)一般规定结合具体列举,如广东省、温州市、扬州市等。综合上述规定,政府可以向社会力量购买的公共服务一般应当具备以下条件:(1)公益性和公共性;(2)通过政府购买服务,有利于转变政府职能,提高工作效率和服务质量,降低行政成本;(3)适用于能确定评估量化指标的事务;(4)具备一定的市场化运作条件,如具备供应商竞争市场;(5)资金已由财政安排;(6)应当由政府直接提供、不适合社会力量承担的公共服务领域,如行政决策、行政许可、行政处罚、行政强制、行政执法,以及不属于政府职责范围内的服务项目,政府不得向社会力量购买;(7)不涉及国家机密。具体而言,以上海市为例,这种类型的公共服务大致包括:(1)社会服务领域。鼓励社会组织参与、承办社会保障、救灾救助、扶老助残、医疗卫生、文体科普、妇幼保护、法律服务、支教助学、生态环境、促进就业、拥军优属、社区服务、专业帮教等公益性服务工作。(2)社会事务领域。鼓励社会组织承接评估、调查、培训、鉴定、调解、维稳等事务性工作。通过提供中介服务、反映合理诉求、平衡各方利益、开展行业自律,促进社会和谐、经济可持续发展。(3)其他。根据实际情况,其他需要社会组织参与的公共管理或公益服务事项。由此,从比较宽泛的角度来说,公共服务必须是面向社会提供的,具有公共性和公益性的服务;从更为狭义的角度来说,公共服务必须是技术性、服务性、辅助性、能够量化评估、适合市场化运作的。

三、承接主体

政府购买公共服务是以购买主体——政府,与承接主体——社会力量之间的合作为主轴,以公共服务为标的的综合性工程。承接主体的范围、资质条件直接影响了公共服务购买的绩效,公共服务本身的公共性和公益性,对于人民群众的重要性也决定了并非任何社会力量或任何机构组织都可以作为承接主体提供公共服务。承接主体必须具备相应的资质,承接主体的确定必须公平、公正、公开,这是政府购买公共服务成败的关键。就目前所收集到的政府购买公共服务相关规范性文件来说,各省市基本上都对承接主体作出了规定,主要包括两个方面,即承接主体的资质要求与承接主体的确定方式。

（一）承接主体的资质要求[①]

从相关规范性文件的规定来看，首先，各省市地区规范性文件中对"承接主体"的称谓有所不同，大致包括服务供应商（方）、承包商、社会组织、社会力量等。但称谓不同似乎对于"承接主体"的基本内涵并没有很大影响，一般而言，公共服务购买的承接主体应当具备以下条件：（1）独立的民事责任能力，即依法设立、在工商税务部门注册登记；（2）专业要求，即具备实施公共服务必需的设备和技术条件，尤其是专业人员；（3）制度完善、运作良好、诚信守法，即内部管理制度完善，如财会制度和资产管理制度、运作良好或正常运作一定期限以上、一定期限内无违法记录、信誉良好如依法纳税等。此外，有些省市地区还要求达到行业内部某一级别以上，如温州市、珠海市等规定："已完成等级评估的行业协会（商会）和慈善组织须具备 3A 及以上的社会组织评估等级且年度年检合格（等级评估由市民政部门组织实施并向社会公布）；暂未实施等级评估的社会组织须近两年年检均合格（自完成等级评估起，一律应具备 3A 及以上社会组织评估等级且年度年检合格）。"部分省市还制定了关于承接主体资质限制的兜底条款。这些都说明政府购买公共服务之承接主体必须具备相对较高的资质条件，才能与公共服务供给相匹配。其次，各省市区的主要分歧在于承接主体的外延上，民政部、财政部的规定中，承接主体主要为社会团体、民办非企业单位和基金会；厦门市则鼓励符合条件的企事业单位参与公共服务购买；温州市、嘉兴市、上海市、广东省等的规定中，承接主体主要为社会组织。根据国务院的规定，承接主体主要包括依法在民政部门登记成立或经国务院批准免予登记的社会组织，以及依法在工商管理或行业主管部门登记成

[①]　关于"承接主体的资质要求"的讨论，主要参考了《国务院办公厅关于政府向社会力量购买服务的指导意见》《民政部、财政部关于政府购买社会工作服务的指导意见》《厦门市政府购买和资助社会工作服务实施办法（试行）》《山东省政府向社会力量购买服务办法》《江苏省人民政府办公厅印发关于推进政府购买公共服务工作指导意见的通知》《中山市政府购买服务工作暂行办法》《佛山市政府向社会组织购买服务实施办法》《广东省政府向社会组织购买服务暂行办法》《宁波市政府服务外包暂行办法》《上海市闵行区关于规范政府购买社会组织公共服务的实施意见（试行）》《上海市杨浦区政府购买社会组织公共服务实施办法（试行）》《云南省关于控制财政供养人员增长推行政府购买服务工作的意见（试行）》《新乡市人民政府办公室关于乡镇政府购买公共服务工作的实施意见》《珠海市人民政府办公室关于政府购买社会组织服务的实施意见》《肇庆市政府购买社会组织服务实施意见》《嘉兴关于加快推进政府购买社会组织公共服务的指导意见》《温州市人民政府办公室关于政府购买社会组织服务的实施意见》等。

立的企业、机构等社会力量。山东省依循这一规定。

一般而言,社会组织又有广义和狭义之分,广义的社会组织是指除党政机关、企事业单位以外的社会中介性组织;狭义的社会组织是指由各级民政部门作为登记管理机关纳入登记管理范围的社会团体、民办非企业单位、基金会这三类社会组织。[①] 就直接将承接主体设定为社会组织的相关规定而言,其在内涵澄清上,并没有将在民政部门登记作为资质条件规定,而只要求"依法设立",可以说似乎采用了广义的社会组织概念。而就国务院的《指导意见》而言,表面上,国务院的相关规定在承接主体的设置上比较宽泛,顾名思义,"社会力量"的范围肯定大于"社会组织",但其显然在社会组织与其他社会力量之间依据成立的方式做了区分,即区分"依法在民政部门登记成立或经国务院批准免予登记的社会组织"与"依法在工商管理或行业主管部门登记成立的企业、机构等社会力量"。根据《社团登记管理条例》的规定,依法在民政部门登记成立的社会力量为非营利性社会组织;而就国务院批准免予登记的社会组织而言,根据《民政部关于对部分团体免予社团登记有关问题的通知》以及《民政部关于对部分社团免予社团登记的通知》,主要包括中国文学艺术界联合会、中国作家协会、中华全国新闻工作者协会、中国人民对外友好协会、中国人民外交学会、中国国际贸易促进会、中国残疾人联合会、宋庆龄基金会、中国法学会、中国红十字总会、中国职工思想政治工作研究会、欧美同学会、黄埔军校同学会、中华职业教育社、中国文联所属的 11 个文艺家协会,[②]以及省、自治区、直辖市文联、作协可以免予社团登记。由此可知,国务院指导意见中的"社会组织"主要指非营利性社会组织。"依法在工商管理或行业主管部门登记成立的企业、机构等社会力量"显然具有营利性。因而,无论是营利性的社会力量,还是非营利性的社会组织,只要具备相应的适于提供公共服务的资质条件就可以参与政府购买公共服务的实施。

---

① 王浦劬,莱斯特·M. 萨拉蒙,等.政府向社会组织购买公共服务研究——中国与全球经验分析[M].北京:北京大学出版社,2010:6.

② 即:中国戏曲家协会、中国电影家协会、中国音乐家协会、中国美术家协会、中国曲艺家协会、中国舞蹈家协会、中国民间文艺家协会、中国摄影家协会、中国书法家协会、中国杂技家协会、中国电视家协会。

（二）承接主体的确定方式①

政府购买公共服务的突出特点在于市场机制的引入，尤其体现于承接主体的确定上。上表所列近年来中央及部分省市在规定承接主体确定方式上基本均遵循了竞争、择优的原则。承接主体的确定规则包括以下几点：(1)遵循《政府采购法》；(2)优先采用公开竞争方式；(3)结合实际，可对竞争规则作变通，如考虑购买项目的金额、类型，以及是否具备充分的竞争条件等。也就是说，原则上应当根据《政府采购法》的规定，采取公开竞争方式，但在有限的范围内，考虑到特定公共服务购买项目的实际发展情况，可以作相应变通，但仍应遵循一定的程序。

之所以如此规定，原因大致在于政府购买公共服务的发展现状。众所周知，政府购买公共服务，指的是政府将原由自身直接承担的一部分公共服务事项交由社会力量来完成，通过开放公共服务供给市场，在不同的社会力量之间形成一定的竞争环境，既保证政府职能实现成功转移，也促进相关公共服务供给能够保质保量。如果缺乏充分的社会力量介入，又或者现有社会力量对于政府所开放的公共服务领域比较陌生，那么必然无法形成有效的竞争环境，而这种现象正是我国当下政府购买公共服务面临的重要课题。简言之，当下尚缺乏发育成熟的社会力量积极参与政府购买公共服务项目。由此，政府购买公共服务的推进与社会力量的发展完善成为并行不悖、齐头并进的两项重要工作，这在部分省市关于政府购买公共服务的政策及规范文件中有着突出表现：如《厦门市政府购买和资助社会工作服务实施办法（试行）》不仅对公共服务购买项目中政府与社会力量之间的短期合作关系作了规定，也规范了两者之间的长期合作关系，即通过政府资助等方式，对处于起步阶段、具有发展潜力的民办社会工作服务机构给予适当资助，基本的程序为编制预算、提出申请、审核确定、拨付资金等；又如天津市在《政府向社会力量购买服务管理办

---

① 关于"承接主体的确定方式的讨论"，主要参考了《国务院办公厅关于政府向社会力量购买服务的指导意见》《民政部、财政部关于政府购买社会工作服务的指导意见》《宁波市政府服务外包暂行办法》《厦门市政府购买和资助社会工作服务实施办法（试行）》《山东省政府向社会力量购买服务办法》《广东省政府向社会组织购买服务暂行办法》《江苏省人民政府办公厅印发关于推进政府购买公共服务工作指导意见的通知》《广西壮族自治区人民政府办公厅关于政府购买服务的实施意见》《河北省人民政府办公厅关于政府向社会力量购买服务的实施意见》《湖北省人民政府办公厅印发关于政府向社会力量购买服务实施意见（试行）的通知》《杭州市人民政府关于政府购买社会组织服务的指导意见》《天津市人民政府办公厅转发市财政局关于政府向社会力量购买服务管理办法的通知》等。

法》第 21 条中规定，"加大对社会服务机构扶持力度，以财政资金为引导，设立培育发展社会服务机构专项资金。专项资金用于对新设立且主要服务于社会福利、公益慈善等领域的机构给予一次性补助；对服务项目绩效评价结果较好，成效明显、群众满意的社会服务机构，采取'以奖代补'方式给予资金扶持；通过建设社会服务机构孵化园、开展专业辅导、组织公益创投等形式，加强对社会服务机构的培育扶持。"

四、购买与实施

购买程序的设定直接决定了政府购买公共服务所谓的"市场化机制引入"是否名副其实，也决定了政府购买公共服务的成败。无论是中央层面关于公共服务购买的文件，还是地方层面的相关规范都对购买程序作出了一般性规定。① 尽管相关省市在公共服务购买及其实施的细节上可能存在一些差别，但运作流程极为相似。政府购买公共服务的基本运作流程大致包括以下几个步骤：

（1）购买项目的确定。一般由职能部门申报财政部门审核、批准，编入财政预算，部分地区亦强调购买项目的确定应当征求群众意见，以保证回应社会需求，如《宁波市政府服务外包暂行办法》第 10 条规定，"行政机关应当加强社会调查，通过各种方式听取基层群众意见，了解群众需求，实现服务外包的民主、科学决策"。

（2）承接主体的确定。如前文所述，承接主体应当具备一定的资质，承接主体的确定原则上应当坚持公开竞争，遵循《政府采购法》的规定。

（3）合同签订。一般而言，购买主体与承接主体应根据采购文件的相关条款及政府购买社会组织服务合同范本与服务提供机构签订合同，明确双方的权利义务关系、明确购买范围、服务要求、违约责任、支付方式等。

（4）合同履行。承接主体应严格遵照购买合同提供公共服务，部分省市如

---

① 关于"购买与实施"的讨论，主要参考了《广东省人民政府办公厅印发政府向社会组织购买服务暂行办法的通知》《山东省人民政府办公厅关于印发政府向社会力量购买服务办法的通知》《河北省人民政府办公厅关于政府向社会力量购买服务的实施意见》《厦门市政府购买和资助社会工作服务实施办法（试行）》《合肥市政府购买社会服务办法（试行）》《天津市财政局关于政府向社会力量购买服务管理办法》《广州市简政强区（县级市）事权改革政府购买服务管理办法》《杭州市人民政府关于政府购买社会组织服务的指导意见》《宁波市政府服务外包暂行办法》等。

宁波市要求承接主体应当实行项目经理负责制、组建专门的项目管理机构；购买主体也应严格遵照购买合同的规定，充分履行监督管理与协助合同实施的义务。同时，购买主体应当明确自己在公共服务购买中的角色定位，不得强迫或诱使承接主体从事不属于合同要求的活动，保障承接主体供给公共服务的独立性。

（5）项目验收。购买主体应当成立合理的项目评估机构，对承接主体所提供的公共服务进行质与量的评估，满足合同要求的，予以验收，并支付相关费用。就项目评估机构而言，有些省市由购买主体会同其他部门自行验收，有些省市则要求成立第三方评估机构，或形成由职能部门、其他相关部门与第三方构成的评估机构，结合社会公众和服务对象意见，对服务质量、社会满意度等进行绩效考核。

从政府购买公共服务的基本运作流程中，可以发现，如何恰当地平衡购买主体与承接主体，或者说政府与社会组织之间的关系，明确两者之间的权利义务，如何实现购买主体与相关部门之间的有效互动，保证资金来源、竞争机制的设计以及购买项目的成功实施，是公共服务购买及其实施的关键。

首先，政府与社会组织之间的关系定位应当区分购买合同外与购买合同内。购买合同外，政府系社会组织的监管机构，社会组织的成立与运作都必须遵循一定的法律规范，接受政府的监督管理，同时，鉴于我国当下社会组织的发展并不成熟，政府还要扮演扶持和培育社会组织的角色，这在一定程度上可以为政府向社会力量购买公共服务奠定良好的竞争环境。购买合同内，政府与社会组织之间处于一种形式上平等的地位，政府依据合同规定监督管理并协助公共服务项目的实施，社会组织则依据合同规定履行公共服务供给义务。

其次，由政府直接提供公共服务转向政府向社会购买公共服务，政府"掌舵而非划桨"在表明政府职能转变的同时，也意味着政府内部职责分工的调整。政府购买公共服务是一项系统工程，各政府部门之间不再是相对孤立地提供公共服务，而是在原有职能范围内彼此协调，相互配合，以掌握好"政府购买公共服务"之舵。《指导意见》规定，"地方各级人民政府可根据本地区实际情况，建立'政府统一领导，财政部门牵头，民政、工商管理以及行业主管部门协同，职能部门履职，监督部门保障'的工作机制，拟定购买服务目录，确定购买服务计划，指导监督购买服务工作。相关职能部门要加强协调沟通，做到各负其责、齐抓共管。"由此可见，除了原先各司其职的服务职能部门外，政府购买公共服务涉及的主要协调部门是财政部门、民政部门、工商管理、行业主管部门、监督部门等。这实际上与政府在购买公共服务中的角色定位相呼应。

综合相关省市地区的规定,各行政部门主要职责,如表 3-2 所示:

表 3-2　政府部门职责分工情况

财政部门	统筹监督工作:建立健全政府购买服务制度,监督、指导各类购买主体依法开展购买服务工作,做好政府购买服务的资金管理、监督检查和绩效评价等工作。
民政、工商、行业主管部门	各司其职,协助公共服务购买的顺利进行。按照职责分工,将承接政府购买服务行为纳入年检、评估、执法等监管体系。社会组织登记管理机关负责核实社会组织的资质及相关条件,向购买主体提供社会组织名录。
监督部门	监察、审计部门负责对政府购买服务工作和资金使用情况进行监督、审计。
具体职能部门	负责购买服务的具体组织实施,建立健全内部监督管理制度,公开本部门经批准的政府购买服务事项,对承接主体提供的服务进行跟踪监督,在项目完成后组织考核评估和验收。

再次,购买方式关系到整个政府购买公共服务实施过程的成败。目前而言,规范性文件层面上,①各省市对"购买方式"的理解存在部分不一致,主要表现为,购买方式指的是承接主体的确定方式,还是指实施的方式(上海杨浦区称之为购买类型)。在界定"政府购买公共服务"一词时,对其蕴含的购买方式的界定主要从承接主体的确定方式与实施方式两个角度出发,基本迎合了我国政府购买公共服务规范制定实际。承接主体的确定方式已经在"承接主体"部分做了详细介绍。关于公共服务购买项目的实施方式,厦门市关于政府

---

① 关于"购买方式"的讨论,主要参考了《云南省县级以上政府向社会组织购买服务暂行办法》《宁波市政府服务外包暂行办法》《厦门市政府购买和资助社会工作服务实施办法(试行)》《嘉兴关于加快推进政府购买社会组织公共服务的指导意见》《徐州市人民政府关于推进市级政府购买公共服务的意见》《温州市人民政府办公室关于政府购买社会组织服务的实施意见》《滨州市人民政府关于推进政府向社会力量购买服务的实施意见》《上海市杨浦区政府购买社会组织公共服务实施办法(试行)》《北京市民政局关于 2012 年利用福利彩票公益金购买社会组织公益服务项目的通知》等。值得注意的是,此处规范的梳理以相关规范性文件中直接使用"购买方式"一语为标准。

购买社会工作服务的规定列出了购买项目和购买岗位两种类型;北京市则囊括了购买成本、资助补贴、项目奖励;上海市杨浦区包括购买成本和全额购买。三者在实施方式确立的标准上有所不同,厦门市以购买对象为标准,而上海市杨浦区、北京则是以资金支付的方式为标准,近似于购买主体履行购买合同的方式。这在一定程度上反映了政府部门对政府购买公共服务相关要素的认识还存在一定问题。

此外,值得注意的是,政府购买公共服务之所以兴起,主要原因在于政府公共服务供给能力与人民群众日益增长且复杂化、专业化的公共需求之间的矛盾。因此,公共服务购买项目的设定应当以广泛的社会调查为前提,积极听取人民群众的意见,才能充分保证所购买的公共服务正是需要购买的。

据此,在政府购买公共服务的基本流程中,大致可以将政府、社会力量、社会公众之间的关系图示如图 3-1:[①]

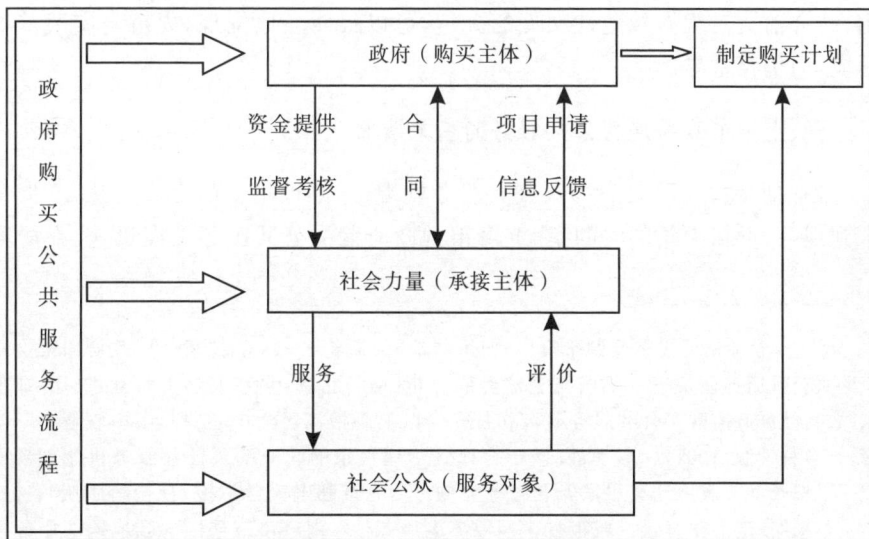

图 3-1 政府购买公共服务流程

---

① 本图参考崔正,王勇,魏中龙.政府购买服务与社会组织发展的互动关系研究[J].中国行政管理,2012(8).

第三节　政府购买公共服务的实际运作

　　本研究主要以 XM 市政府购买公共服务的实际情况为主要对象,因而并未对其他省市政府购买公共服务的基本情况作具体的实证调研,但由于各省市政府购买公共服务实践情况的差异性,仍有必要考察其他尤其是实践经验丰富且较为成熟的地区的公共服务购买情况,以作参考。幸运的是,近年来,随着政府购买公共服务在全国大部分省市的广泛展开,相关研究也日渐深入,除了纯粹的理论探究、国外经验引介等,对本土经验的调研总结也日渐增多,且更趋细致化。本节主要基于当前收集到的文献资料,尤其是调研报告,①从地区和购买领域两个方面入手,以上海市为地区代表,以政府购买居家养老服务为购买领域代表,系统梳理并综述我国政府购买公共服务的现状。通过介绍,结合前文对现有规范性文件的分析,可以很明显地发现,规范与实践基本呼应,但仍存差异。

一、上海市政府购买公共服务的基本情况

　　如前所述,我国政府购买公共服务发端于 20 世纪末的上海。从 20 世纪末到现在,近二十年的时间里,上海市的政府购买公共服务发展迅速,在居家

---

　　①　所参考相关文献及调研报告,如王浦劬,莱斯特·M. 萨拉蒙,等. 政府向社会组织购买公共服务研究——中国与全球经验分析[M]. 北京:北京大学出版社,2010. 郑卫东. 农村社区政府购买公共服务研究初探——以上海松江区为中心[J]. 中国农业大学学报(社会科学版),2011(4). 李静. 基于合作式治理视角的政府购买公共服务机制创新研究——以长沙市政府购买居家养老服务为例[J]. 北京邮电大学学报(社会科学版),2011(2). 李凤琴. 老龄化背景下城市社区居家养老服务——南京市鼓楼区的政府购买服务模式[J]. 南京人口管理干部学院学报,2011(4). 井志侠,高斌,戴俭慧. 我国地方政府购买体育公共服务的实证研究——以上海静安区为例[J]. 安徽理工大学学报(社会科学版),2011(2). 顾江霞,罗观翠. 试论政府购买社会服务项目的责信机制——基于 H 市政府购买社会服务项目实践的经验[J]. 华东理工大学学报(社会科学版)[J]. 2010(4). 赵云,潘小炎. 广西政府购买社区公共卫生服务的调查报告——柳州市政府购买服务的启示[J]. 中国卫生事业管理,2010(5). 赵卓群. 政府购买民间组织服务研究——以上海为例[D]. 上海:上海交通大学,2008. 蔡慧. 我国政府购买社工服务的实践研究与反思——以广州明镜社工服务中心的项目购买为例[D]. 南京:南京大学,2013.

养老、义务教育、就业、医疗卫生、社区文化、社会安全、行业性服务等多个领域开展探索与实践,积累了丰富的经验。

(一)经费投入

据不完全统计,上海各区县每年在购买民间组织服务上的投入从几百万至几千万不等,如普陀区 2007 年用于购买民间组织服务经费约 170 余万元;卢湾区政府 2007 年用于购买民间组织服务经费约 506 万元;长宁区政府在 2004 年至 2006 年,平均每年用于购买服务经费约 1000 多万元;南汇区政府每年用于购买民间组织服务的经费约 1500 万元;浦东新区政府 2006 年购买服务资金达 5955 万元。在市级层面,各政府部门也有相应的投入,如市经委每年用于购买民间组织服务的专项资金在 1000 万以上,且每年以 10% 左右递增;市委政法委下属的上海市自强社会服务总社,主要从事禁毒社会工作,每年市、区两级政府仅在购买禁毒社会服务项目上投入资金就高达 3 千万元。① 资金主要来源于财政预算支出、福利彩票公益金。

(二)购买模式

经过若干年的探索,上海市的政府购买公共服务主要形成了以下几种模式:(1)财政出资,合同购买型,即购买主体与承接主体签订政府采购服务合同,由政府直接出资购买,并最终对合同的执行情况进行评估,典型的例子即上海市阳光社区青少年事务中心。② (2)立项评估,行政审批型,即民间组织立项申请——职能部门受理、评估(受益面和社会影响力)——政府(街道办事处接受政府委托行使职权)审批、购买——通过监督、评审确保政府购买民间组织服务的公共服务产品有效供给,③如黄浦区国家职业技能鉴定培训和社区为老服务的购买就是采取此种模式。(3)政社分离,政策扶持型,即以项目

---

① 赵卓群.政府购买民间组织服务研究——以上海为例[D].上海:上海交通大学,2008.

② 2003 年,上海市委政法委就城市犯罪问题日益突出的状况,针对吸戒毒人员、社会服刑和刑释解教对象、社区闲散青少年四类特殊人群,支持社会组织在政府的委托和授权下对特殊人群开展多样化、全方位的帮教服务。政府出资相继注册成立了上海自强社会服务总社、新行社区服务总站、阳光社区青少年事务中心等三个民办非企业(非盈利)社团,作为禁毒、社区矫正、社区青少年管理社会工作的运作实体,承担政府指定的服务项目,取得政府购买服务的经费,以维持日常和支付聘用社工的薪酬待遇。

③ (1)从社会需求出发,由民间组织策划服务项目;(2)由街道职能科室对服务项目进行预审评估;(3)由街道办事处审批并决定出资标准购买服务;(4)由职能科室抽样调查实行验收。

为导向、以契约为管理的购买服务机制,一方面,实行政社分离,积极培育发展民间组织,制定扶持社会组织发展的扶持政策,并推动民间组织诚信建设,提升民间组织能力;另一方面,创建政社合作平台,推进政社互动,规范政府购买服务行为,完善购买服务机制;此以上海市浦东新区为典型。①

(三)购买范围

这主要体现在四个方面:(1)社区民生服务。社区就业服务、社区社会保障服务、社区公共卫生和计划生育服务、社区救助、社区安全、社区文化、社区环境保护、慈善超市、便民早餐等。(2)行业性服务。行业调查、统计分析、资质认定、项目评估、业务咨询、技术服务、民办学校的委托管理等。(3)社会公益服务。信访干预、法律援助、再就业教育培训。(4)社会管理,如外来人口管理、矛盾调解、家庭收养的评估。上海市绿化市容局向直属的23个改制企业和国有企业购买环卫作业、绿化养护、林业养护服务;市水务局、海洋局向有关企业、上海市排水公司(事业单位转制为国有企业)、国家东海分局直属事业单位购买水务服务、排水服务、地方养护、海洋环境、污水处理等事务。②

(四)承接主体

2009年开始,上海市民政局与区县民政局从两级福利彩票公益金中共同出资,以上海市社区服务中心作为招投标平台,面向已注册登记,满足一定条件的社会团体、民办非企业单位和公益性非营利事业单位三类组织,按比例配套使用福利彩票公益金购买社区安老、济困、扶优、助残服务以及其他社区公益服务。从2009年6月2日上海新途社区健康促进社第一个获得招标开始,截至2012年12月15日,中标组织为224个。分布情况如表3-3所示:③

---

① 2006年,浦东新区放开手脚,大胆探索,专门组织了民间组织购买服务签约活动。区社发局、警卫、劳保局、浦兴路街道等8家政府部门代表分别与民办阳光海川学校、区旅游业协会、浦东阳光慈善救助服务社、浦兴路街道老年协会等8家民间组织代表签订了购买服务的项目合同。服务内容涵盖慈善救助、民间组织培训、农民工子女教育、为老服务、计划生育宣传、旅游活动宣传等公共服务领域。2007年,浦东新区又举办了政府购买培训成果签约仪式,32家培训机构与政府签订购买培训服务协议书。
② 国务院法制办公室.上海:政府购买公共服务的实践探索[EB/OL].2013-08-29 [2014-06-10]. http://www.chinalaw.gov.cn/article/dfxx/dffzxx/sh/zffzjb/201308/20130800390720.shtml.
③ 徐家良,赵挺.政府购买公共服务的现实困境与路径创新——上海的实践[J].中国行政管理,2013(8).

表 3-3　中标组织分布情况

评论对象 年份	社会团体	民办非企业单位	公益性事业单位	总数
2009	23	52	10	85
2010	9	27	4	40
2011	9	37	1	47
2012(截至 12 月 15 日)	18	31	3	52
总数	59	147	18	224
百分比%	26.3	65.6	8.1	100

此外,部分职能部门还采用了定向购买的方式,如上海市农业委员会通过定向委托形式向上海市农业技术服务中心等购买农产品质量安全检测服务;上海市禁毒委员会办公室、司法局社区矫正工作办公室、团市委社区青少年事务办公室通过定向购买形式向上海自强社会服务总社、新航社区服务总站、上海阳光青少年事务中心购买为药物滥用人员、矫正人员、"失学、失业、失管"社区青少年提供的专业社工服务。

(五)购买与实施

经过近二十年的探索和实践,上海市的政府购买社会组织公共服务逐渐迈向规范化和制度化,部分地区初步形成了较为可行的运作流程。以杨浦区为例,自 2012 年《杨浦区政府购买社会组织公共服务实施办法(试行)》颁布实施以来,政府购买社会组织公共服务的流程愈加明晰,如图 3-2 所示。

总的来说,上海市的政府购买公共服务呈现出类别多、范围广、发展速度迅猛,注重平台建设,推进社会组织的发育;购买的公共服务覆盖范围逐步从城区向乡村延伸的特点。[①] 尽管如此,但仍然存在一些缺陷与不足。(1)资金来源多元、投入大,但分配不均衡,如基础设施的资金投入量大,上海市城乡建设和交通委员会 2011 年预算为 7 亿~8 亿元;经济比较充裕的区县投入资金

---

① 汤伟.上海政府购买公共服务的进展和思考[J].城市管理与科技,2013(1).

项目设立 主管单位提出购买服务项目需求（可参考公益创投项目）	竞标评审 根据项目标的，采取：项目购买方审定制；委托第三方专业评审；区政府采购中心集中采购	中标公告 竞标评审结果公告
预算申请 主管单位编制下年度部门预算报财政初步审核同意	资质认定 区民政局会同项目购买方进行资质认定，初步确定竞标服务提供方名单	签订合同 双方洽谈确认项目细则并签约
立项审查 主管单位集中编制、上报服务总量，区发改委、民政局牵头，会同财政局等部门开展可行性立项审查	预算申报 资质证明材料、项目可行性分析报告、项目预算报告	项目管理 立项指导、中期检查、结项评估	资金拨付（分预拨和清算两次）
汇编目录 根据立项审查结果，汇编全区下年度政府购买服务目录	公布信息 项目名称、内容及范围；项目总体资金规模；需提供的有关材料；受理的相关事宜；其他公告信息	评估验收 项目效果；满意度测评；项目审计；项目成果报告	

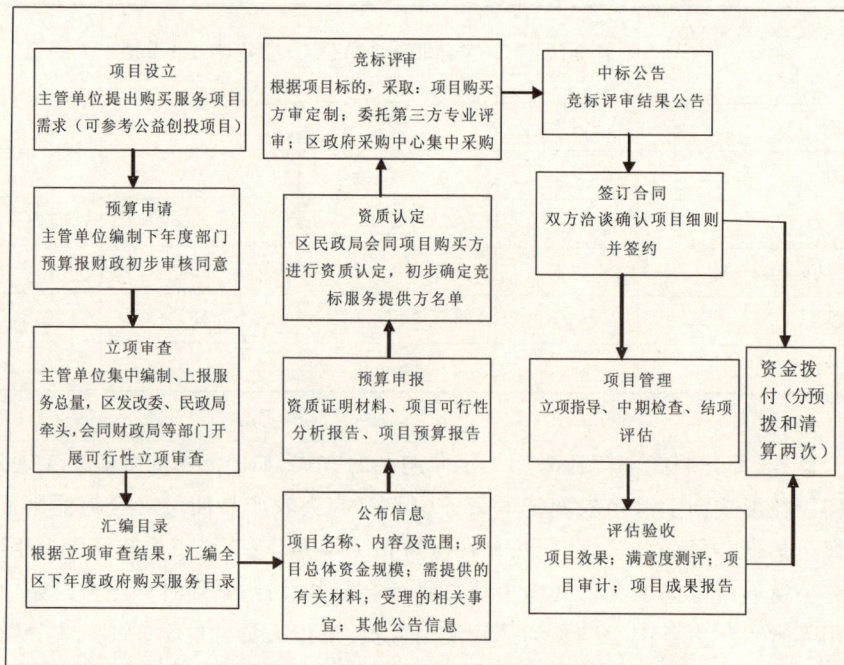

图 3-2　杨浦区政府购买公共服务流程

较多，浦东新区政府 2010 年政府购买金额达 4 亿～5 亿元；[①]且尚未纳入统一的预算科目，不利于审计与监管，如部分政府部门购买的资金虽然已经占单位预算较高的比例，但政府购买资金并未在该单位预算中单列，随意性比较大。[②] (2)尽管各区相继出台了一些政策性指导文件，政府购买公共服务相对步入正轨，但市级层面仍然缺乏统一的政策文件，也没有充分有效的法律制度保障。(3)政府与社会组织之间的关系仍然非常暧昧，独立竞争性购买以及招投标方式的采用仍然不够广泛，社会组织的发展似乎仍仰赖政府"给"项目。(4)购买过程不够规范，程序略显粗糙，这主要表现为"购买合同不规范、购买方式选择的标准不清、评估环节不完善。政府购买的合同较为简单，不规范，

---

① 国务院法制办公室. 上海：政府购买公共服务的实践探索[EB/OL]. 2013-08-29 [2014-06-09]. http://www.chinalaw.gov.cn/article/dfxx/dffzxx/sh/zffzjb/201308/20130800390720.shtml.

② 徐家良，赵挺. 政府购买公共服务的现实困境与路径创新——上海的实践[J]. 中国行政管理，2013(8).

有些甚至没有合同。在签订合同时，社会组织往往处于弱势的一方，没有强调社会组织的权益条款。政府购买方式的选择，往往直接委托下属的事业单位或者国有企业，公开的竞争性购买少，这不仅造成事业单位、国有企业、社会组织之间缺乏公平，而且在事业单位内部、国有企业内部、社会组织内部也不公正。显然，评估作为购买过程的重要环节，并没有得到应有的重视，这一点对于定向购买的公共服务而言特别突出。"①

二、政府购买居家养老服务的基本情况

从 20 世纪 70 年代开始，随着计划生育政策的实行，我国人口出生率不断下降，90 年代后，随着经济的快速发展，医疗水平的不断提高，人口预期寿命不断提高，人口老龄化已经成为 21 世纪我国人口发展的必然趋势。全国老龄委员会办公室 2006 年 2 月发布的《中国人口老龄化发展趋势预测研究报告》显示，自 1982 年第三次人口普查到 2004 年的 22 年间，中国 60 岁及以上老年人口平均每年增加 302 万，年均增长速度为 2.85%，2004 年底达到 1.43 亿，占总人口的 10.97%。② 人口老龄化趋势的加重必然伴随着养老问题的日益严重，然而，当前人口政策之下，传统的"家庭养老"的功能已经渐趋弱化，而单纯的机构养老也无法满足老年人多方面的养老需要，创新养老方式刻不容缓。事实上，自 20 世纪 90 年代以来，国内学界及实务界就已形成普遍共识，即大力发展城市社区居家养老服务来应对老龄化问题。由此，政府购买居家养老服务应运而生。

2003 年 12 月，南京市鼓楼区率先出资 15 万元，为 100 位独居老人和部分空巢老人购买生活照料服务。此后，政府购买居家养老服务迅速向全国推广，当前发展比较迅速且渐趋成熟的地区主要有上海市静安区、杭州市下城区、宁波市海曙区、大连市沙河口区、青岛市南区、南京市鼓楼区、天津市、重庆市等。2008 年 1 月，国家 11 个部委联合发布《关于全面推进居家养老服务工作的意见》，明确指出："居家养老服务是政府和社会力量依托社区，为居家的老年人提供生活照料、家政服务、康复护理和精神慰藉等方面服务的一种服务形式……积极培育和发展居家养老服务组织。按照政府职能转变以及与企

---

① 徐家良，赵挺.政府购买公共服务的现实困境与路径创新——上海的实践[J].中国行政管理，2013(8)

② 范炜烽，祁静，等.政府购买公民社会组织居家养老服务研究——以南京市鼓楼区为例[J].科学决策，2010(4).

业、事业、社团分离的原则,对居家养老服务中能够与政府剥离的服务职能都要尽可能交给社会组织和非营利机构去办,交给市场和企业去办。各级政府应积极培育、规范管理各类居家养老服务机构,鼓励居家养老服务机构发展连片辐射、连锁经营、统一管理的服务模式。"

根据购买主体与承接主体之间的关系,大致可以将政府购买公共服务的模式分为形式性购买、委托性购买、契约化购买三种。形式性购买的一方是政府,另一方是依附于政府而存在的民间组织,购买选择程序是定向、非竞争性的;委托性购买的购买双方都是主体独立的政府部门和民间组织,但是购买过程缺乏公开、竞争的程序,而是由政府部门直接指定一个民间组织来提供服务,然后购买;契约化购买则指购买双方是主体独立的政府与民间组织,购买过程公开、透明,存在竞争市场,双方对契约内容共同承担责任。当前我国政府购买居家养老服务的模式中只存在形式性购买和委托性购买两种。① 上海市普陀区政府自2001年起就通过形式性购买的方式,通过向政府设立的居家养老服务管理中心购买居家养老服务,逐渐摸索出了一条政府购买居家养老服务的道路,并取得了良好的成效,2004年,更是结合市政府"万人就业项目"建立区居家养老服务管理中心,并完善了百岁老人、特殊贡献老人、困难老人、80岁以上自费老人的补贴机制,居家养老服务得到全面发展。宁波市海曙区则主要通过委托性购买的方式,由政府出资向星光敬老协会购买居家养老服务,为区内60岁以上独居并且无收入的老年人向民间组织购买养老服务。

政府购买居家养老服务的服务对象以城市的独居、空巢、高龄、贫困、残疾、孤寡老人等为主。如根据《广州市社区居家养老服务实施办法》的规定,"政府购买服务的对象为具有本市户籍且在本市居住,有下列情形之一的老年人:(一)无劳动能力、无生活来源、无法定赡养人(扶养人)或者法定赡养人(扶养人)无赡养、扶养能力的;(二)最低生活保障家庭、低收入困难家庭、重点优抚对象中生活不能自理的;(三)曾获市级以上劳动模范荣誉称号且生活不能自理的;(四)80岁以上(含80岁)独居或者仅与重度残疾子女共同居住的;(五)最低生活保障家庭、低收入困难家庭、重点优抚对象中独居或者仅与重度残疾子女共同居住的;(六)100岁以上(含100岁)的。"

根据服务对象的类别,确定不同的服务和补贴方式。政府购买居家养老服务的范围,各地或略有不同(如表3-4所示),但大致可分为基本生活照料服

---

① 洪艳.政府购买居家养老服务的模式探究[J].上海:华东师范大学,2010.

务与精神层面的服务,前者如家政服务、代办服务,后者如精神慰藉、心理疏导以及休闲娱乐等。总的来说,以基本生活照料为主,精神层面服务次之。[1]

表 3-4 政府购买居家养老服务的范围情况

南京市鼓楼区	服务的重点主要集中在生活保障服务、安全保障服务、特殊求助服务、上门探视服务;精神陪护服务、医疗卫生服务以及法律援助服务处于探索阶段。[2]
宁波市海曙区	主要包括生活照料(日常护理或者特殊护理)、医疗康复(包括陪同到医院看病、治疗、配药等)、精神慰藉(每天和老人交流,发现老人的需求,排除老人的孤独感)。[3]
唐山市路北区	服务重点同样集中在生活的保障范围和安全的保障层次,对于那些特殊的求助服务和安装一键通电话以及上门的探视服务也在慢慢展开。精神陪护的服务和医疗卫生的服务以及法律援助服务亦在探索中。[4]
上海市普陀区	六助服务,即助餐、助洁、助浴、助医、助行、助急。每位老人能享受的服务费平均 200 元/月,同时,每位老人每月所能享受的服务时间,按 200 元/月折算为小时是 26.66 小时,平均每天不到一小时。
杭州市西湖区	生活照料、家政服务、康复保健、精神慰藉、代购代缴、读报陪聊、洗衣做饭等服务。

实践中颇受关注的是政府购买居家养老服务项目实施的监管与评估。[5]一般而言,国内各地主要从服务机构/体系建设、服务项目(工作)成效/服务过程质量、群众满意度测评等三个方面展开。服务机构/体系建设方面主要考察服务方案的完整性,主要以基础设施、服务队伍、工作制度、服务宣传等作为基本指标;服务项目成效方面主要则多考察服务时间准确率、服务项目完成率、

---

[1] 张旭升,牟来娣.政府购买居家养老服务的研究综述[J].中共杭州市委党校学报,2013(1).
[2] 范炜烽,祁静,等.政府购买公民社会组织居家养老服务研究——以南京市鼓楼区为例[J].科学决策,2010(4).
[3] 吴玉霞.政府购买居家养老服务的政策研究——以宁波市海曙区为例[D].杭州:浙江大学,2006.
[4] 安捷.唐山市养老服务政府购买模式研究[D].长春:长春工业大学,2012.
[5] 本部分参考了胡光景.地方政府购买居家养老服务管理监督与质量评估研究[D].南京:南京大学,2013.

有效投诉结案率等;群众满意度测评关注的是服务回应服务对象的需求程度以及服务效果的持续性,有些地区考察范围扩及服务对象的家属满意程度。宁波市在居家养老服务工作体系、群众满意度测评等方面制定了具体且细致的评估指标,值得参考。

评估方法上,可区分为内部监督评估(实践中较为少见)、外部监督评估(以南京为代表)、内外部相结合监督评估(以宁波、上海、广州为代表),且以第三种方法为常见,如宁波市采取"服务机构自评、政府部门评估"(内部评估)+"第三方社会机构评估"(外部评估)模式,上海市的内、外部评估方法体现为"机构自我评价"(内部评估)+"服务对象评价+第三方评价"(外部评估)。评估程序的设定上,以广州市为例,主要包括养老机构自评、区民政局评估、评估小组评估、市民政局公布初步结果、服务机构整改、市民政局复评并公布最终结果等步骤。

总的来说,尽管当前政府购买居家养老服务与政府直接提供相比,能够更有效地回应老年人的多元需求,并减轻财政压力,推进政府职能的转变,监督评估方式的多元化也有利于保障居家养老服务的质量,但由于作为居家养老服务购买之承接主体的社会力量发展不够成熟,很大程度上需要政府的大力扶持,因而政府购买居家养老服务过程中,政府与社会力量之间的关系仍然暧昧不明,尤其是在政府购买公共服务缺乏充分法律依据的情况下,这必然导致即使有比较健全的程式化要求,也常常流于形式,实务中监督与评估机制无法落到实处更是备受诟病。①

第四节　中国社会组织发展情况简述

改革开放以来,我国社会组织的发展速度一直很快。改革开放之初到20世纪90年代初期,是我国社会组织的全面兴起阶段。在这一阶段,伴随着思想解放、经济发展和社会开放,伴随着不断加速和深化的社会改革与转型,以各种形式的学会、研究会为主,呈现出一种全社会结社的活跃局面。从20世纪80年代后期起,我国社会组织的发展开始走上制度规范的曲折道路,政府

---

① 颜令帅,吴忠,等.政府购买居家养老服务的政策过程分析——仅以上海市为例[J].劳动保障世界(理论版),2012(5).

开始自上而下地建立社会组织的制度规范,通过归口管理、建立法治、清理整顿等方式加强对社会组织的规范管理,最终于 1988 年形成了双重管理体制,即在民政部归口负责社会组织登记管理的同时,有关业务主管部门亦享有对社会组织审查核准和日常管理的权限。1989 年颁布施行的《社会团体登记管理条例》重申并进一步具体规定了双重管理体制。1999 年至今,我国社会组织发展在市场经济逐渐发育成熟、改革开放逐步深入和社会转型全面展开的进程中,从曲折发展逐步走向新的高潮,从 1999 年开始,每年新增社会组织的数量大致以每年 30% 的增长率递增至今。基层社会组织迅速发展,一些组织因政府采购走上更多与政府合作的新路,并成功实现治理创新,更多的年轻人、专业人才投入到公益创业中。①

党的十七届二中全会通过的《中共中央关于深化行政体制改革的意见》中指出,"从制度上更好地发挥市场在资源配置中的基础性作用,更好地发挥公民和社会组织在社会公共事务管理中的作用,更加有效地提供公共产品"。党的十八大报告提到"强化企事业单位、人民团体在社会管理和服务中的职责,引导社会组织健康有序发展,充分发挥群众参与社会管理的基础作用"。2010年发布的《国家中长期人才发展规划纲要(2010—2020 年)》明确地将社会工作专业人才列为我国的第六支主体人才,为社会组织介入政府采购公共服务领域提供了一支新的生力军。2013 年《国务院机构改革和职能转变方案》则明确要求"改革社会组织管理制度","加快形成政社分开、权责明确、依法自治的现代社会组织体制。逐步推进行业协会商会与行政机关脱钩……完善相关法律法规,建立健全统一登记、各司其职、协调配合、分级负责、依法监管的社会组织管理体制,健全社会组织管理制度,推动社会组织完善内部治理结构。"

政策推动之下,社会组织规模不断扩张,其活动领域也呈现出多元化的趋势,遍及科技研究、生态环境、教育、卫生、社会服务、文化、体育、法律、工商业、宗教、农业及农村发展、职业及从业组织、国际及涉外组织等领域。2000—2013 年,我国社会组织数量变化情况,如图 3-3 所示。② 截至 2013 年 6 月底,全国依法登记的社会组织有 50.67 万个,其中社会团体 27.3 万个,民办非企

---

① 王名. 社会组织概论[M]. 北京:中国社会出版社,2010:80-88.

② 社会组织数量变化数据来源于国家统计局网站;活动领域分布情况数据来源于中国社会组织网。

业单位 23.0 万个,基金会 3713 个,从业人员达 1200 万。[①] 经过多年的发展,我国社会组织整体实力不断增强,在社会经济发展中发挥了积极作用。在社会效益上,社会组织成为扩大就业新途径,以年末职工人数为例,2006 年年底,全国社会组织职工人数为 425.2 万人,到 2011 年年底达到 599.3 万人;2012 年年底,社会组织吸纳社会各类人员就业达到 613.3 万人。在经济效益上,社会组织实现的增加值,也由 2006 年的 112.17 亿元增加至 2012 年的 525.6 亿元,虽然略有波动,但足以看出社会组织的经济潜力。[②] 而在公共服务的提供上,因其相较政府而言,所具有的专业性、高效率,更是倍受推崇。社会组织的迅速发展促进了公共服务供给结构的变化,打破了政府垄断的局面,也为政府职能转移创造了社会基础。

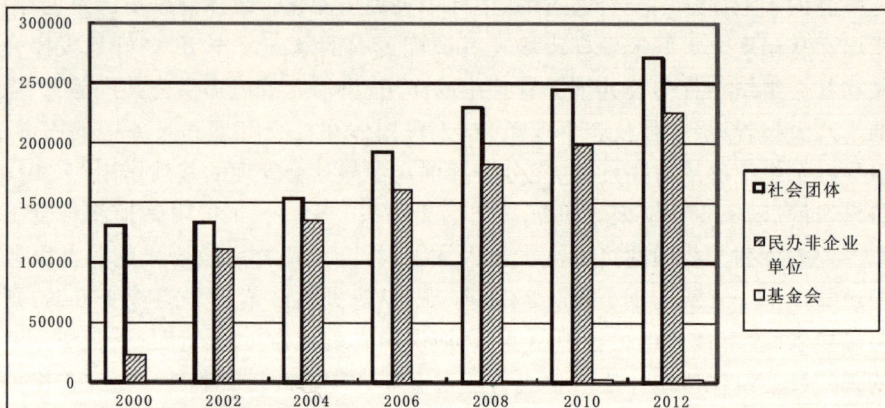

图 3-3　社会组织数量变化情况

尽管社会组织的总体发展趋势良好,也仍存在一些亟须解决与克服的问题。首先且最重要的是,社会组织的角色定位存在问题。一方面,政府与社会组织的关系界限不清,"目前我国绝大多数社会服务仍然是由政府单方面提供的,并且政府掌管着社会组织的生死大权,社会组织的发展离不开政府的推动和影响。因此,中国的社会组织'先天'就与政府不是'平等关系',而是一种

---

① 新华网.简政放权开启社会组织改革大幕——专访民政部民间组织管理局负责人[EB/OL].2013-10-23 [2014-06-08]. http://news. xinhuanet. com/2013-10/23/c_117838385. htm.

② 黄晓勇.中国民间组织报告(2013 年)[M].北京:社会科学文献出版社,2013:9.

'依附关系'。在某种程度上,社会组织必须顺从政府的'指示',否则便无法'生存'。"①另一方面,公众对于社会组织的认可度不高,社会组织存在"信任危机"。原因之一在于大多数社会组织往往由政府扶持成立,非自愿结社,组织自身的利益往往与政府的利益"捆绑"在一起,而且一些社会组织自身运作的行政化、官僚化,缺乏自律机制、监督制约机制。此外,社会公众对社会组织了解不多,关于社会组织的宣传不够,也是原因所在。如社会工作机构社工服务直接与社会公众打交道,但由于公众了解不多,实践中也是步履维艰。这些问题都突出反映在社会组织参与公共服务之时。

　　社会组织在参与公共服务的过程中,除了前述普遍性问题,仍然存在一些不足,尤其是在资金、人才、制度建设等方面。资金方面,当前社会组织的资金来源主要包括政府的资助或项目资金、募捐收入、会费和其他经营性收入,其中政府提供的财政拨款和补贴占主要部分。清华大学 NGO 研究所于 1999年在全国范围内对社会组织的调查问卷表明,我国社会组织平均收入结构中,政府财政支持占社会组织收入来源的一半,政府扶持占主要部分。这说明我国社会组织筹资能力有限,缺乏足够的资金开展各种项目和活动,以实现组织的使命,满足社会的公益需求。② 人力方面,根据中国社会组织网 2009 年统计数据,当前社会组织在人员构成上的分布情况为:人员构成上,以大学专科学历为主,占比达 67%;具备职业资格的专业化人才缺乏,具有助理社会工作师和社会工作师资格的人员仅占 0.46%;年龄呈现大龄化现象,35 周岁以上的工作人员占 69%。此外,就社会组织工作人员的工作及生活条件来说,并不理想:许多社会组织从业人员工资少,待遇低,办公条件差,职业发展前景不明,对优秀人才吸引力不强,从而影响社会组织的整体素质和能力。除了专职工作人员面临严峻的工作环境之外,由于缺乏健全的志愿服务制度,志愿者的数量、质量及其权益方面也存在很大问题。制度建设方面,当前我国并没有形成较为统一、完善的社会组织参与公共服务制度,"师出无名"或许是社会组织进入公共服务领域普遍担忧之处;社会组织自身的发展仍掩映在政府的"呵护"之下,独立性不够强,自我生存能力弱。而在政府购买公共服务的过程中,作为主力军,社会组织发展存在的问题甚为明显。这些问题的理清与解决,将在很大程度上决定政府购买公共服务的实施成效。

---

①　文军.中国社会组织发展的角色困境及其出路[M].江苏行政学院学报,2012(1).

②　罗鹏鸥.我国社会组织发展困境及其对策研究[D].长沙:湖南大学,2010.

总　结

　　上海市是最早"试水"政府购买公共服务的地区之一,政府购买居家养老服务则是目前最为普遍的政府购买公共服务项目之一。尽管本研究并未完全穷尽我国当前政府购买公共服务的全部案例,但综合其他文献资料,对这"一地、一项目"的考察也基本能够说明我国当前政府购买公共服务的现状。

一、政府购买公共服务实施效果良好,适用范围不断扩大

　　诚如前文一再强调的,政府购买公共服务意味着政府由公共服务的直接提供者,变为公共服务政策的制定者、购买者和监督者,从而有利于实现政府职能转变,促进公共资源的合理配置,提高利用率。以上海市为例,浦东新区自实行综合配套改革以来,行政审批事项已由原来的 700 多项减少至 220 项,其中有 37 个审批事项转移给了行业性社会组织,闸北区临汾路街道社区事务工作站,采取"一站多居"的模式,承接政府下放的一些事务性、操作性的工作,使居委会工作从 135 项减少到 66 项,每年为街道节省工作经费 30 多万。当部分公共服务供给由社会力量直接承担后,由于社会力量身处社会之中,与政府相比,其专业性和对公众公共服务需求的回应性更强,从而能更有效地实现公共服务的供给。由于切实从这种新的公共服务供给模式中受益,社会公众对这种公共服务供给模式的认识度和认可度也不断提升。这在一定程度上化解了政府公共服务供给能力与社会公众公共服务需求之间的矛盾。此外,在政府购买公共服务崭露头角之前,国家往往为了社会公益目的,由国家机关举办或其他组织利用国有资产举办各类事业单位,承担部分教育、科技、文化、卫生服务供给职能。我国事业单位绝大部分由国家出资设立,大多为政府行政部门的下属机构,直接依赖财政拨款。长期以来,事业单位的设置虽然在一定程度上促进了社会服务职能的完善,但也暴露出职能定位不清,体制僵化,监管缺位,效率低下,竞争不充分等弊端。[①] 近年来,事业单位改革也逐渐提上国家议程。政府购买公共服务的大力推进提供了事业单位改革的新途径,即

---

　　① 李文钊,董克用. 中国事业单位改革:理念与政策建议[J]. 中国人民大学学报,2010(5).

政府将原先交由事业单位承担的公共服务转为向社会组织购买,从购买"人",转变为购买"事",有利于降低财政成本,提高公共服务的生产和供给效率。[①]

政府购买公共服务成效明显,进一步推动了其适用范围的扩张。地域范围上,政府购买公共服务逐渐由城市向农村扩张,尤其是农村公共卫生服务、交通客运服务的购买渐成趋势。如上海市松江区在新农村建设中推行"六小工程",即"小超市""小戏台""小药箱""小学校""小窗口""小交通",把公共服务配送到村头,从而进一步推动了基本公共服务的均等化。购买内容上,政府购买公共服务已经逐渐扩张至大部分能够通过市场机制的运作来实现服务供给的领域,购买范围也渐趋明晰,部分地方政府着手或已经制定了详尽的政府购买服务目录,如《2014 年天津市政府向社会力量购买服务指导性目录》分为三级,一级服务目录包括 7 类,二级服务目录包括 56 类,三级服务目录包括286 类。从该指导性目录来看,政府购买公共服务不仅整体范围扩大,某一类公共服务的具体内容也渐趋细化,一如前文在对我国居家养老服务购买分析中所论及的,除了基本的生活照料外,现行居家养老服务购买的内容也逐步向精神层面探索,更加注重迎合老年人的多元需求。

二、政府购买公共服务正逐渐形成一套颇为固定化的运作框架,但仍然问题重重

以上海市、宁波市、广州市等为例,较为固定化的政府购买公共服务运作模式已经兼具雏形,在"谁购买服务""向谁购买服务""谁享受服务""服务范围为何""如何提供服务""如何监督评估服务"等方面已经逐渐达成一定共识。诚如国务院发布的指导意见所言,政府向社会力量购买服务,就是通过发挥市场机制作用,把政府直接向社会公众提供的一部分公共服务事项,按照一定的方式和程序,交由具备条件的社会力量承担,并由政府根据服务数量和质量向其支付费用。总体上来看,政府向社会组织购买的公共服务集中于部分基本公共服务事项、社会管理服务事项、行业管理和协调事项、技术服务事项等,购买方式主要包括合同制、直接资助制和项目申请制三种,其中以直接资助制为常见。合同制,即由购买者与社会组织签订服务合同,根据合同约定,购买者向社会组织支付一定费用,由社会组织承担特定公共服务项目;直接资助制即政府对于承担公共服务职能的民办机构和组织给予一定资助,既有经费资助,

---

① 王浦劬,莱斯特·M. 萨拉蒙,等.政府向社会组织购买公共服务研究——中国与全球经验分析[M].北京:北京大学出版社,2010:25.

也有实物资助,还有优惠政策扶持;项目申请制即购买者设计特定目标的专项项目,面向社会公共招标,由承接者根据项目要求提供服务;或者由社会组织根据需求,主动向政府有关部门提出要求申请立项,经过评审后,以项目方式予以资金支持。工作模式上,根据购买主体与承接主体之间的关系,以及竞争程度,如前所述可区分为形式性购买、委托性购买与契约化购买,有学者进一步细分为独立关系竞争性购买、独立关系非竞争性购买、依赖关系非竞争性购买、依赖关系竞争性购买四种模式,实践中多以非竞争性购买为主。

然而,在基本框架逐渐成形的同时,政府购买公共服务所面临的问题也日益暴露。首先,截至目前,尽管国务院以指导意见的形式明确了政府购买公共服务作为公共服务供给方式的大趋势,且已有地方以政府规章的形式(《宁波市政府服务外包暂行办法》)规制政府购买公共服务的运作,但大部分地方或者说很大程度上,仍然停留在单纯的政策引导状态,缺乏统一、充分、有效的法律依据和保障。其次,就目前来看,尽管有些省市,如北京、上海,政府购买公共服务资金可使用福利彩票公益金,但大部分地方仍主要来源于财政支出,且多未列入公共财政预算,一般从部门预算中支出,资金投入分布极为不均衡,较早试水政府购买公共服务的地方,如上海、广州,或可达上亿,而其他地区,尤其内陆地区也许仅仅几百万、几千万,结合进入政府购买公共服务领域的时间先后来看,这也反映了经济发展程度对各地政府购买公共服务发展的影响。再次,政府购买公共服务的基本流程在部分省市如上海、北京、宁波、广州等确已基本成型,但如前所述,多以政策指引文件的形式出现,相关规定仍然比较模糊,政策性强,导致实践运作备受诟病。如购买标准上,目前仅有少数省市已经制定政府购买公共服务的指导性目录,[①]大部分地区在哪些具体公共服务需要购买上仍不够明晰,尤其是服务定价缺乏统一切合实际的标准。有学者直接指出当前公共服务购买可能存在泛化的现象,"有的社会组织几乎所有费用都由政府一揽子买单,政府支付了一些本来不该支付的费用,甚至还有个别的私人性服务。"[②]又如,购买程序上虽然大致形成了"设定项目——确定承接主体—合同签订与实施—政府监管与评估"这样的运作框架,但由于各地政府对于购买公共服务普遍缺少理论指导和实践经验,往往出台的相关规定缺

---

① 如广东省、天津市、义乌市等。
② 王浦劬,莱斯特·M.萨拉蒙,等.政府向社会组织购买公共服务研究——中国与全球经验分析[M].北京:北京大学出版社,2010:28.

乏指导性，规定的实施方法缺少可操作性，制定的考核标准和评估办法缺乏科学合理性。比较前文规范层面与实践层面的解析，一方面，规范过于概括，充分有效法律依据的缺失，很大程度上导致了购买过程随意性比较大、政府的支配地位仍为突出；另一方面，部分规范虽然符合政府购买公共服务的本质，但由于种种现实因素，常常无法得到有效贯彻，例如规范层面普遍推崇通过招投标来确定承接主体，但在实践中往往没有且无法得到贯彻。这些都导致政府购买公共服务运作的公开性、公正性、公平性备受质疑。由之，学界公认的是，我国政府购买公共服务仍处于初级阶段。

三、政府购买公共服务与社会组织的发展齐头并进，但社会组织发展仍不成熟

政府购买公共服务之市场机制引入主要表现为采用公平竞争的方式选择承接主体。问题在于作为公共服务购买主要承接力量的社会组织在我国发展并不成熟。政府要实现公共服务供给模式的转变，就必须要同时培育有能力承接公共服务的社会组织。政府对社会组织的引导和扶持成为政府购买公共服务得以实现的基础。因而，在购买公共服务的过程中，政府往往首先推动成立相应的能够承担公共服务供给的社会组织，进而导致相当一部分社会组织实际上并非独立成长的社会组织，而是由作为购买者的地方政府发起或者倡导成立。这种模式尽管能够促进社会组织的迅速发展，但也必然导致社会组织在很大程度上成为政府部门的延伸，购买行为进而也带有"内部行为"的色彩，难以发挥市场化机制的作用。这也是招投标或者契约化购买在当前政府购买公共服务过程中并非主要方式的原因。以居家养老服务购买为例，当前主要采用形式性购买和委托性购买两种模式，承接公共服务的社会组织对于政府明显有着很强的依赖性，甚至社会组织的存续很大程度上取决于政府所"给"的项目。

一方面，政府像"母亲"一样呵护社会组织的发展，政府购买公共服务项目成为"喂养"社会组织，维持其存在的主要资源；另一方面，社会组织必然缺乏足够的谈判能力，在政府购买公共服务过程中讨价还价，维护自身的权益，从而购买成为一种单向度的合作行为。究其原因，在我国，社会组织尚未获得广泛的社会公众认可和信任，而社会公众普遍习惯于传统的政府直接供给公共服务的模式，对政府信赖度比较高，对社会组织则有抵触情绪。从政府购买公共服务的本质来说，这显然背离了市场化的要求。其直接的结果是，社会组织参与政府购买项目的积极性不高，已经承接项目的社会组织在公共服务供给过程中往往需要应对基层组织与社会公众的不信任，从而产生额外成本。

第四章　分报告三:XM 市政府购买公共服务现状研究

　　XM 市地处我国东南端,土地总面积 1573.16 平方公里,常住人口约 353 万。改革开放以来,伴随着社会经济的发展迅速,市民的物质文化需求日益增长,且渐趋多元化。作为公认的宜居城市,XM 市人口规模增长迅速,[①]已经跃居全省第四,人口密度则全省最高,其中外来人口的比重不断攀升,同 2000 年"五普"时相比,至 2010 年"六普"时,外来人口增加 121.82 万人,增长 162.88%,占全市总人口的比重由 36.43% 提高到 55.68%。[②] 与此同时,越来越多的外来劳动力携家带口来此务工经商,非 XM 市户籍的儿童数量也随之增多。资料显示,XM 市常住人口中,非本市户籍 0—14 岁人口 22.91 万人,占 0—14 岁人口比重 50.52%。此外,XM 市的人口老龄化程度和相关问题也日益严峻,截至 2010 年,XM 市单身老人户 2.09 万户,同"五普"相比,增加 0.98 万户;单身老人户占有 65 岁及以上老年人的家庭户比重从"五普"的 13.53% 提高到 17.08%。

　　人口规模以及人口结构的变化必然给政府公共服务供给职能的履行带来了新课题。以 HL 区为例,截至 2010 年,全区常住人口 93.12 万人,其中外来人口达 74.6 万人,占全区人口的 80%,呈现出高度密集,以青壮年劳动年龄人口为主,教育程度偏低,集中于制造业、批发和零售业、建筑业,居住时间长

---

　　① "六普"资料显示,截至 2010 年 11 月 1 日零时,XM 市常住人口 353.13 万人,同第五次全国人口普查(以下简称"五普")2000 年 11 月 1 日零时的 205.31 万人相比,十年共增加 147.82 万人,增长 72.00%,年平均增长率 5.57 %,显著高于全省十年增长6.28%、年平均增长 0.61% 的水平。全市人口规模快速扩大,常住人口占全省总人口的比重从"五普"的 5.91% 提高到 9.57%,XM 市从全省九地市人口最少的城市发展成为人口第四大市。

　　② 资料来源于 XM 市统计局. XM 市人口发展特点与趋势[EB/OL]. 2012-11-08 [2014-06-12]. http://www.stats-xm.gov.cn/tjzl/tjdy/201211/t20121108_21423.htm.

期化,多为经济型转移的特点。一方面,外来人口在推动 HL 区经济发展、产业结构优化以及文化交流方面发挥了重要作用,但另一方面则导致了一系列的问题,如加重了公共财政负担、影响了城市升级改造建设、增加了社会管理综合治理和计生工作的压力等,[①]尤其给政府医疗卫生、基本教育、社会治理等方面的公共服务供给职能的履行带来了新的挑战。

日益多元化和不断增长的公共服务需求与行政资源相对匮乏、政府履职能力(人力、物力、财力)有限之间的矛盾凸现,如医疗卫生领域,卫生资源总量不足,结构不尽合理,全市千人拥有病床数 3.20 张,低于全国 3.81 张的平均水平,优质卫生资源如三级甲等的医疗机构都集中于岛内,且大部分高新医疗设备和优秀医护人才都集中于大医院,岛外医疗卫生资源缺乏的问题比较突出。[②] 这必然迫使政府寻求新的公共服务供给路径,以更好、更有效地迎合社会公众的多元公共服务需求、合理化公共资源的配置,保障经济持续稳定运作,促进社会和谐。XM 市的政府购买公共服务正是在这种情况下由试点到推广,迅速发展起来。

第一节　XM 市政府购买公共服务的政策变迁

政府向购买公共服务,旨在将市场机制引入公共服务资源的配置,提高公共服务的质量和供给效率。事实上,这种市场化配置公共资源的方式早在2005 年就已在 XM 市扎根发芽——2005 年根据市委领导的指示,由市纪委、监察局和财政、国资委等部门推行的公共资源市场化配置改革工作取得明显的成效。随后,XM 市人民政府于 2006 年 8 月颁布《关于进一步深化行政资源和社会公共资源配置市场化改革的实施方案》,为公共资源的市场化配置提供了政策指引。根据该实施方案的规定,尽管传统的政府采购项目仍然按照

---

① 如 HL 区为服务好大量的外来人口,投入巨额资金解决公共文化设施、交通、就学、就医等民生问题,提供良好的社会公共配套服务。数据显示,全区外来人口中义务教育阶段的学龄子女有 4.3 万人,学龄前的 4 万人。以 2010 年口径,全区仅义务教育阶段的在校生中外来生达 2.61 万人,占全区义务教育阶段学生数的 63.29%(其中小学占64.94%,初中占 58.55%),财政投入达到 1.60 亿元。

② XM 市统计局.XM 市卫生事业发展现状与发展思路[EB/OL].2012-07-12[2014-06-12].http://www.stats-xm.gov.cn/tjzl/tjdy/201207/t20120712_20855.htm.

原渠道配置,但在我国语境下,作为政府采购新形式的政府购买公共服务却在其"行政资源和社会公共资源市场化配置任务分解表"中体现得淋漓尽致,如市卫生局招标引入商业保险机构对农村合作医疗保险进行专业化管理,向社会开放卫生服务市场,通过公开招标确定社区卫生服务中心(站)承办单位;市港口管理局在航道疏浚与扩建等方面向社会公开招标确定服务单位或供应商;市政园林局向社会公开招标确定市政道路清扫保洁的保洁企业、公共绿地养护单位等。经过七八年的发展,XM市政府部门已经积累了较为丰富的公共服务市场化提供的经验。2011年5月1日,XM市颁布《XM经济特区公共资源市场配置监管条例》,指导公共资源的市场配置。事实上,自2007年以来,XM市政府采购目录中"服务"类项目就已经包含了一些公共服务类目,如卫生保洁、绿化养护等,如表4-1所示。①

表 4-1　XM 市政府采购目录"服务"类项目情况

时间	服务类型
2006 年	印刷、出版;工程咨询、监理、设计;信息技术、信息管理软件的开发设计;布展、气氛布置、节日摆花;雕塑;广告;规划编制。
2007 年	印刷、出版;工程咨询、监理、设计;信息技术、信息管理软件的开发设计;布展、气氛布置、节日摆花;雕塑;广告;物业管理。
2008 年	印刷、出版;工程咨询、监理、设计;信息技术、信息管理软件的开发设计;布展、气氛布置、节日摆花;雕塑;广告;物业管理;卫生保洁;绿化养护;车辆维修;车辆保险。
2009 年	交通工具的维护保障;印刷、出版;布展、气氛布置、节日摆花;雕塑;广告;物业管理;卫生保洁;绿化养护;车辆维修;车辆保险。
2010 年	保险经纪服务;印刷、出版;工程咨询、监理、设计;信息技术、信息管理软件的开发设计;布展、气氛布置、节日摆花;雕塑;广告;物业管理;卫生保洁;绿化养护;车辆维修;车辆保险。
2011 年	交通工具的维护保障;印刷、出版;工程咨询、监理、设计;信息技术、信息管理软件的开发设计;布展、气氛布置、节日摆花;雕塑;广告;物业管理;卫生保洁;绿化养护;车辆维修;车辆保险。
2012 年	市直机关事业单位物业管理;其他单位物业管理;印刷、出版;工程咨询、监理、设计;信息技术、信息管理软件的开发设计;布展、气氛布置、节日摆花;雕塑;广告;物业管理;卫生保洁;绿化养护;车辆维修;车辆保险。
2013/2014 年	交通工具的维护保障;印刷、出版;信息技术、信息管理软件的开发设计;布展、气氛布置、节日摆花;雕塑;广告;物业管理;卫生保洁;绿化养护;车辆维修;车辆保险。

---

①　资料来源于 XM 政府采购网,网址为 http://www.xmzfcg.gov.cn/horizontal/catalog_index.jsp.

基于公共资源市场化配置的实践经验，XM市政府购买公共服务逐渐大规模开展起来，由点及面，自下而上，公共服务供给的图景焕然一新。尤其自2008年以来，XM市各政府机构纷纷出台相关实施意见指导政府购买公共服务的有效开展。如2009年XM市民政局出台《关于XM市居家养老服务试点工作指导意见》，XA区民政局发布《关于XA区居家养老服务试点工作指导意见》；2010年HC区民政局发布《关于HC区居家养老服务试点工作指导意见》；2011年XM市人民政府出台《关于推进居家养老服务工作的实施意见》，JM区人民政府印发《JM区推进居家养老服务工作实施方案》；2012年XM市人民政府发布《加快发展体育产业的实施意见》等等。这些实施方案或指导意见不约而同地将政府购买公共服务作为推进社会服务体系建构和发展的良方。基于地方实践与规范层面的不断发展和细化，XM市民政局和财政局于2013年联合发布《XM市政府购买和资助社会工作服务实施办法（试行）》，系统指导XM市政府购买社会工作服务实践的展开。根据该实施办法，首先，政府购买社会工作服务应当坚持的工作原则是：立足需求，量力而为；规范有序，稳步推进；公开透明，强化监督。其次，购买对象须为符合一定资质的社会力量，即主要为具有独立法人资格，拥有一支熟练运用社会工作知识、方法和技能的专业团队，具备完善的自身建设、良好的公信力以及较强的运营管理和专业服务能力的社会团体、民办非企业单位和基金会，同时鼓励具备相应条件和能力的企事业单位承接政府购买社会工作服务。再次，购买范围的确定遵循"受益广泛、群众急需、服务专业"的原则；购买方式主要包括购买服务岗位和购买服务项目；购买程序分为编制预算、组织购买、签订合同、指导实施、结项验收五步。2014年4月，XM市政府常务会议研究通过了《关于推进政府购买服务工作的实施意见》，进一步明确了XM市政府购买公共服务的发展方向。

值得一提的是，XM市政府购买公共服务极为注重配套制度的设置，尤其是社会组织的培育、财政政策的优化、监管制度的完善并行不悖，反过来，充分保障了政府购买公共服务得以有效实施。从规范的角度来看，社会力量的扶持和培育一直贯穿着XM市政府购买公共服务的发展，因为社会力量作为政府购买公共服务的承接主体，其资质的优劣直接影响了政府购买公共服务实践的成败。从2007年的《XM市民政局关于开展社区民间组织登记管理工作的通知》，到2010年的《XM市民政局关于社区社会组织登记和备案管理工作的实施意见》，到2012年的市民政局《关于开展社会组织评估工作实施意见》《关于加强社会工作专业人才队伍建设的实施意见》，再到2013年的《XM市推进民办社会工作服务机构发展实施办法(试行)》《XM市政府购买和资助社会工作服务实施办法(试行)》,以及《XM经济特区中小企业促进条例》,XM市政府对社会力量的扶持细致而广泛,为政府购买公共服务的有效实施创造了良好的社会环境。

第二节　XM市政府购买公共服务的运作成效

与规范层面政府购买公共服务政策的迅速推进相映衬,XM市政府购买公共服务的实践,尤其在区级政府层面上,发展得有声有色。目前,XM市各区均在部分公共服务领域试点向社会购买服务。以HL区和HC区为例。HL区最早"试水"政府购买公共服务,尤其在社会工作服务领域,其购买投入约占全市总额的一半以上,自2010年至今,已经投入了近700万元用于购买社会服务项目,如援助"单亲妈妈"、居家养老、关爱残疾人、外来员工关爱与支持,以及社区矫正、台胞台属、青少年全面发展、家庭综合服务、社区社会工作督导、关爱残疾人等项目,实现了政府购买社会工作服务全区全覆盖。其中援助"单亲家庭"社工示范项目被民政部列为中央财政支持地方社会组织开展社会服务示范项目。2013年4月,HL区还签约启动首个企业购买居家养老社工服务项目,实现了"政府主导"以外的"社会力量广泛参与"的突破。HC区实施政府购买服务的领域主要体现在:(1)社会事业方面,已实现公共职业介绍、技能培训、重度残疾人托养和"三无、五保"老人养老、部分文体活动向社会购买服务。其中公共职业介绍补贴资金149.8万元,技能培训共补贴资金157.14万元,残疾与养老财政补助95万元,购买图书统一配送每年200万元,国际山地越野赛、国际自行车公开赛和国际武术大赛等体育品牌赛事购买服务510万元。(2)经济发展和管理方面,节庆活动外包、审计工作外包。(3)城市管理行政执法方面,采取招标方式,将违建拆除人工保障服务按项目外包。

本部分主要以政府部门(尤其是已经实施政府购买公共服务的政府部门)、社会力量(尤其是曾经或现在仍然通过政府购买方式提供公共服务的社会力量)以及接受公共服务的公众为调研对象,通过实地访谈和问卷调查的方式,试图较为全面地明确XM市政府购买公共服务的现状。

一、基本概况

(一)购买主体视角[①]

从购买主体视角看,政府购买公共服务模式得到政府层面的普遍认可,已经实施的政府购买公共服务项目在运作过程上虽然成效明显,但还存在一些问题,尤其是政府购买公共服务规范化、制度化不足。

首先,行政机关、事业单位、群团组织等三种性质的机构都不同程度地实施或欲通过政府购买方式提供公共服务,政府购买公共服务这一模式为绝大多数政府机构所接受和认可。XM市政府购买公共服务的实施广泛涉及公共教育、医疗卫生、社会保障、人口计生、公共文化、基础设施、环境保护等基本公共服务领域,尤其是交通公共服务方面更是投入大量的财政资金支持。然而,部分政府机构对于公共服务购买的范围还存在认识上的误区,如市政务中心、市人防办将机构运作所需的物业管理认定为公共服务,市工商局不欲从事政府购买公共服务,但却承认其登记和咨询服务是通过政府购买方式提供。由于很大一部分从事政府购买公共服务的机构没有提供2010—2013年度公共服务的购买金额,因此暂无法从此一方面对XM市政府购买公共服务的实施规模作出评价。

其次,就政府购买公共服务的过程管理而言,从承接主体上来看,既有社会组织,也有企业法人和事业单位,其中企业法人为公共服务购买的主要承接力量,社会组织次之。

再次,从购买行为的具体实施上来看,各政府机构多遵循政府采购的相关规定,如多采取公开招标、邀请招标、竞争性谈判等方式,其中市体育局力图构建公私合作模式,但遗憾的是,尚不够成熟;市环保局排气检测中心则优先选择有相关资质和设备的单位。在整个政府购买公共服务的过程中,作为购买主体的政府机构主要承担着确定服务范围、制定服务规划方案、发布购买相关信息、监督服务、评估验收等职责,较为规范化的购买程序初步形成,但在相关配套制度构建上还存在欠缺,如就评估验收制度而言,13家机构表示自行制

---

① 本部分基于对下述部门或其中部分部门的问卷调查与访谈:市物价局、市体育局、市地税局、市老龄委、市商务局、市民政局、市运管处、市气象局、市政务中心、市环保局监测中心站自动监测室、市人社局、市环保局排气检测中心、市人防办、市政园林局、市投资促进局、市知识产权局、市经发局、市司法局、市残联、市外办、市工商局、市计生委、共青团市委、市海事局、市公务员局、市规划局、市交通运输局。

定评估标准,自行验收,11家机构表示没有公开评估结果。此外,在某些领域,如居家养老服务领域,区级部门似乎在政府购买公共服务上扮演了更为重要的角色。

最后,调研对象普遍指出政府购买公共服务实施存在如下问题(严重性依次递减):购买范围及数量不足;缺乏法律保障;配套制度不够完善;购买主体与承接主体关系不对等;社会力量发展受到限制;程序不够规范。有着丰富公共服务购买经验的市老龄委还指出(养老服务)供需资源对接不畅也影响了政府购买公共服务的有效开展。针对这些问题,部分政府机构提出如下建议:(1)政府应当端正并坚定公共服务购买方面的态度,一方面,积极推进行政体制改革,理顺政府与社会的关系;另一方面,尤其要健全政府购买公共服务的主体和配套法律制度。(2)大力发展能够承接公共服务供给职能的市场主体,充分调动社会机构的力量。(3)促进完善公共资源市场配置体系建设,包括市场主体、监管、评估等主体。(4)加大政府购买公共服务的力度,积极推进行政体制改革,理顺政府与社会的关系,为群众提供优良高效的公共服务。

(二)承接主体视角[①]

从承接主体视角来看,广泛参与政府购买公共服务项目的社会力量以社会工作机构为主,且这些社工机构多在政府扶持和培育下成长起来。政府的资金和政策支持是这些社团组织发展的主要源泉,但从社团组织本身来看,发展仍不成熟,尤其在制度与人才队伍方面,仍需自身的大力建设与政府的扶持。

首先,承接主体自身发展情况。从调研对象的性质分布上看,调研结果应能概括地呈现XM市公共服务承接对象方面的情况。从机构组成上来说,包括全职人员、兼职人员和志愿者三部分,其中多数机构,尤其是社会组织,以志愿者为主,部分全职部分兼职。从服务领域来说,主要遍及教育服务、养老服务、残疾人服务、青少年服务等领域。调研对象运作的资金来源呈现多元化特点,以政府采购或政府拨款为主,辅以提供有偿服务、会员费、项目收入等。近70%以上的调研对象受到过政府的资助或扶持,包括资金支持、免费或优惠提供办公场所、精神鼓励、政策支持、解决工作人员编制等,以前两者居多。就本

---

① 本部分以对41家机构的问卷调查或部分访谈为基础,这些机构包括社团组织41家(其中包括9家社会工作机构),私营企业7家,事业单位1家,其中对部分社会工作机构作了重点访谈。

组织的发展情况而言,绝大多数机构认为自身发展良好,但同时也面临一些困境,主要表现为人才匮乏、资金不足、国家政策不明朗。

其次,从承接主体角度观察政府购买公共服务的实施情况。

承接主体对公共服务购买项目的参与。调研对象对政府购买公共服务都有不同程度的了解,大部分是从政府部门的相关通知中获得政府购买公共服务的信息。其中17家机构承担过政府购买项目,32家机构未承担过,且有1家机构表示并无意向承担政府购买公共服务项目。这32家机构除了1家为事业单位外,其余皆为社团组织。

承接主体对公共服务购买项目的实施。为了充分有效地提供公共服务,各承接主体普遍结合购买项目的需要,作相应调整。包括但不限于对相关工作人员进行培训、广泛吸纳相关人才;调整内部机构设置,满足项目实施需要;广泛征求社会公众意见,建立并健全服务提供制度;积极与政府部门沟通,推进项目实施等。然而,尽管普遍公认的是,社会力量提供公共服务更具灵活性、专业性,更加务实且有服务质量保证,更贴近公众服务需求,更能有效地促进政府职能转型、优化公共服务供给机制,但在承接和实施过程中还是遇到了不少问题。承接过程中,政府购买公共服务因缺乏明确的法律依据,购买程序、标准以及购买合同不够规范;部分机构在政府角色定位、购买的公开性、公平性上也颇有微词,如多指出政府操纵承接过程,购买信息的发布不够透明等。实施过程中,问题集中体现为内外两个层面,一方面机构本身人力缺乏、资金不足;另一方面,政府购买公共服务制度不够健全,甚至一些政府优惠政策未得到落实,且无论是政府还是社会公众都对社会工作缺乏充分的认识,社区重政绩与机构求服务质量的目标存在抵牾。

公共服务购买项目的监督与评估。政府和承接主体双方都有各自的监督制度。在项目实施过程中,政府以定期检查为主,少部分项目同时采用中期检查和终期检查;在具体监督方式上采用了纸质报告、听取汇报和实地考察的方式,且听取汇报为普遍方式。仅XH老年社会服务中心指出其所承接的项目曾采取过专家评审的方式。同时,承接主体的内部监督方式主要为在内部实行负责人制,将工作人员服务情况纳入绩效考核;但在内部工作人员绩效考核上,有承接主体指出实施上存在困难。此外,部分承接主体还要求工作人员之间相互自觉监督。

再次,承接主体对政府购买公共服务的意见。已经参与到政府购买公共服务的社会力量均表示会继续积极参与到其中,但希望项目的承接和实施制度能够加以完善,相关建议集中在法律及制度制定、具体购买程序的公平公开、政府的资金支持这三个方面。

(三)服务对象视角[①]

首先,公众了解社会组织所提供公共服务的途径主要为组织亲自推荐以及家人朋友推荐、宣传单等。这说明社会组织的发展呈现出独立化的趋势,居委会在社会工作服务直接供给的过程中角色发生转换;也表明社会组织宣传的低效率,尤其是大众媒体的缺位,这必然影响公众对公共服务供给的了解和可接受性。接受过公共服务的调研对象对所提供公共服务的质量均表示满意,凸显了政府购买公共服务的成效。其次,调研对象多对当地公共服务供给情况表示满意,青少年服务、残疾人服务和教育服务等得到改善,但也指出,就近两年的发展情况来看,这些领域以及医疗卫生、公共交通、住房保障等领域仍然存在不少问题,亟须改善。这些问题主要表现在服务质量、规模以及回应性等方面,许多调研对象纷纷肯定与政府相比,社会组织显然具有优势。最后,接受过公共服务购买项目所提供公共服务的公众,对于政府购买公共服务都有所了解,并且从中受益良多,认可度颇高。原因主要在于政府购买公共服务有利于提高公共服务的质量和供给效率,有利于公众更方便地获得公共服务,降低直接供给的成本,减少腐败。

二、案例研究(一):政府购买居家养老服务

XM 市于 1994 年步入人口结构老龄化城市行列。截至 2013 年老年节,XM 市户籍 60 周岁以上的老年人已达 26.46 万人,占户籍总人口比例的13.63%,其中 80 周岁以上的老年人共 4.08 万人,占老年人口比例的15.43%,90~99 周岁的老年人共 3872 人,百岁及以上的老年人共 120 人。另外,60 岁以上办理暂住的老年人口为 6.5 万,与 2006 年初户籍老年人口18.3 万相比,平均年增长约 0.88 万人,总增幅为 33.7%。人口老龄化呈日渐增长态势。尤其近年来随着老年人口绝对数量的增大,住房条件的改善和人们家庭观念的改变,独居老年人不断增加。面对日益严峻的人口老龄化形式和日渐凸显的老龄问题,XM 市逐步走出了一条以居家养老为基础、社区为依托、机构为支撑的社会化养老服务之路,并逐渐形成了"有偿服务为主,政府购买为辅"的社会化模式。实践中,政府购买居家养老服务在满足老年人公共服务需求上发挥了重要的作用。本研究主要以 SM 区政府购买居家养老服务的

① 本部分基于对 XW 社工服务中心部分服务对象的调研与访谈。

运作为例,结合其他区的相关实践,对 XM 市政府购买居家养老服务作一介绍。

(一)购买主体

要明确购买主体,首先要了解居家养老服务组织架构。以 SM 区"安康计划"为例,居家养老服务采取区、街道、社区与服务主体三级管理、四级运作的方式进行,基本架构如图 4-1 所示,呈现出政府主导,社会力量参与的特点。其中区安康服务中心直接负责居家养老服务的具体运作,即承担全区居家养老服务协调、指导、监督、管理职能;负责居家养老服务资金拨付情况的审核。街道安康服务站负责辖区内居家养老服务的事务性管理工作,面向社区开展助老服务,规范居家养老服务市场;开展居家养老服务评估;监督居家养老服务质量;做好居家养老服务统计;核定政府购买服务对象;结算居家养老服务经费。社区安康服务网点负责对助老服务员日常工作进行指导、评估、协调、帮助,以及与服务对象的沟通,建立居家养老老人档案和助老服务员档案,组织开展上门关怀、文化服务、志愿服务、老人互助等各种助老服务活动。由此,主要由街道安康服务站核定政府购买服务对象,明确哪些老年人可以享受由政府购买的居家养老服务,而区安康服务中心则决定了居家养老服务购买的资金拨付。

(二)承接主体

由于目前 XM 市各区社会化养老服务产业相当薄弱,养老服务资源相对分散、利润相对较低,有意从事社会养老服务的公司也较少,各区政府、街道基本采取议标或协议的方式选择从事居家养老服务的社会力量。SM 区除通过 XM 市务实采购招标有限公司以竞争性谈判采购方式购买智能"居家宝"服务外,各街道均以议标形式,与 XM 市午餐工程"XS 营养餐有限公司"及家政、医疗服务主体签订服务协议。招标条件一般为:(1)社会服务机构应具备《政府采购法》第 22 条规定的条件;(2)社会服务机构须为具有独立承担民事责任能力的在中华人民共和国境内注册的法人、事业单位、民办非企业组织或者其他组织;(3)社会服务机构营业执照中须有养老服务或生活照料或家政(家居)服务的经营范围。服务人员构成上,鼓励社区就业困难人员、失业人员、4050人员、高校毕业生等符合条件者充实到居家养老服务队伍,拓展就业渠道,解决就业问题。

当前承接 XM 市居家养老服务的社会力量主要有 XH 老年社会服务中心、HX 社工师事务所、RX 工友服务中心、BA 社工服务中心、XW 社工服务中心、ZH 社工事务所、PS 社工服务中心、KX 社工服务中心、TA 区 TX 社会

```
┌─────────────────────────────────────────────────────────────┐
│     ┌───────────────────────────────────────────────┐        │
│     │   SM 区创建全国养老服务社会化示范区工作领导小组   │        │
│     └───────────────────────────────────────────────┘        │
│              ↓                              ↓                  │
│     ┌──────────────────┐          ┌──────────────────┐        │
│     │ 各街道养老服务社   │          │  SM 区安康服务中心  │        │
│     │ 会化工作领导小组   │          └──────────────────┘        │
│     └──────────────────┘                  ↓                   │
│              │                            │                   │
│              └────────────┐  ┌────────────┘                   │
│                    ┌──────────────────┐                       │
│                    │   街道安康服务站    │                       │
│                    └──────────────────┘                       │
│    ┌─────────────┐      ↓      ┌─────────────┐                │
│    │  管理者队伍  │  ┌────────┐ │  志愿者队伍  │                │
│    └─────────────┘  │服务者队伍│ └─────────────┘                │
│                     └────────┘                                │
│                    ┌──────────────────┐                       │
│                    │   社区安康服务网点   │                       │
│                    └──────────────────┘                       │
│     ┌───────────────────────────────────────────────┐        │
│     │  家政、医疗、卫生、维权志愿者等各类养老服务组织   │        │
│     └───────────────────────────────────────────────┘        │
└─────────────────────────────────────────────────────────────┘
```

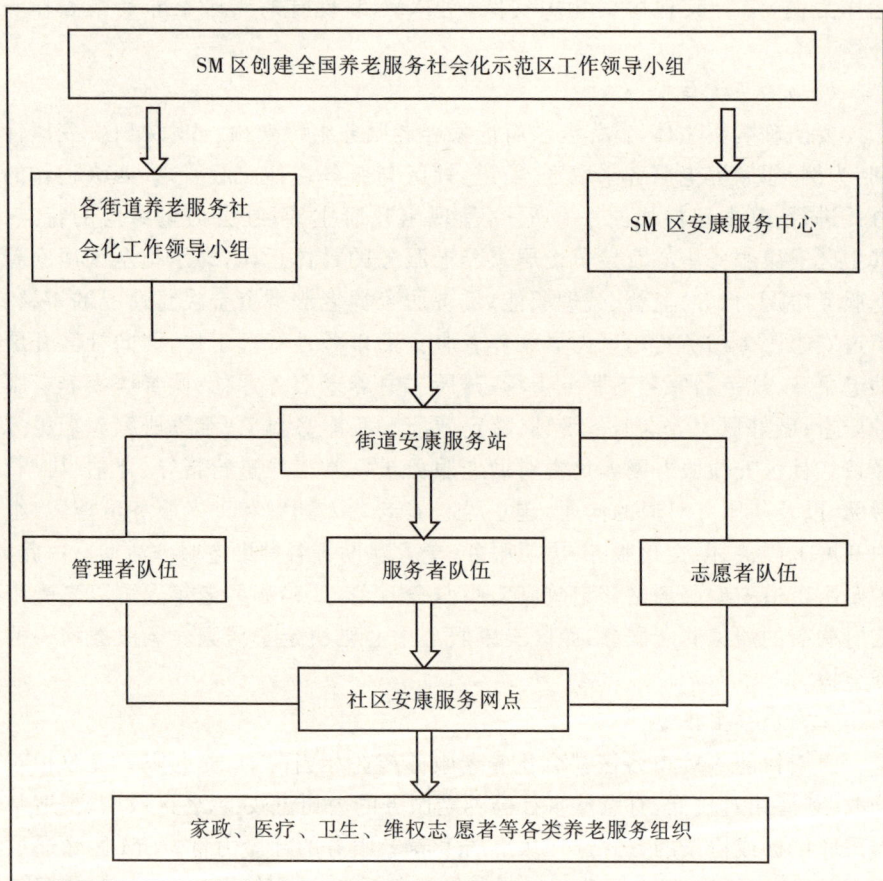

图 4-1　SM 区"安康计划"基本架构

工作服务中心,以及 XS 营养餐有限公司等,其中所涉社会工作机构大部分由政府扶持和培育而成。

(三)购买范围

居家养老服务主要以老年人的生活需求为重点,提供助餐、助洁、助浴、助医、助行、助急等服务;同时兼顾老年人的多种需求,提供文化娱乐、学习教育、聊天、心理咨询、代购代办等服务。目前共包括五大类服务:(1)安全保障服务,主要通过建立相应的联系制度,充分发挥助老服务员、社区工作者和志愿者的作用,通过定期打电话、走访、探视等形式,加强对空巢老人等的帮扶联系,同时建立相应的应急救助机制,在老年人遇到意外情况时,能得到及时、快捷、有效的救助和帮助;(2)生活照料服务,主要包括日间托老、购物、配餐、送餐、陪护等特殊照料的服务和洗衣、打扫卫生、家电维修等一般家政服务；(3)医疗保健服务，主要为老年人提供疾病防治、康复护理、心理卫生、临终关怀、健康教育等服务；(4)文化娱乐服务，主要为老年人提供学习和活动场所、体育健身设施和组织健身团队等，组织并引导老年人积极参与；(5)精神慰藉服务，主要为老年人提供邻里交流、谈心沟通、心理咨询、聊天等服务。政府所购买的居家养老服务主要集中于家政和医疗服务方面。

(四)资金来源

XM市居家养老服务主要在区级层面运作，居家养老服务的正常运行支出以及由政府购买服务所需经费支出由区、街(镇)承担，市级政府负责社区居家养老服务站的一次性建站经费。截至2013年年底，XM市财政共投入2352万元用于341个社区(村)的居家养老服务站建设。各区在居家养老日常运营及购买服务上的经费投入情况为：

SM区主要依托"安康基金"，满足居家养老服务支出。"安康基金"(600万元/年)是SM区为扶助社会困难群体、保障困难群众的基本生活，以医疗救助、助学资助、养老助养、扶残助残为扶助范围的专项基金，基金来源于财政专项拨款、机关、团体、企事业单位和个人的捐赠、安康基金专户存款增值部分等。根据《SM区安康基金使用管理暂行办法》第24条的规定，养老助养以实现老有所养、老有所医、老有所教、老有所学、老有所为、老有所乐为目标，以保障城市"三无对象"(无劳动能力、无生活来源、无法定抚养人或赡养人)和低保对象等困难老年人为重点，通过政府购买服务的方式，逐步形成以"居家养老为基础、社区养老为依托、机构养老为补充"的养老服务社会化体系，安康基金主要用于居家养老服务的政府购买。据统计，自2007年以来居家养老服务共支出542.01万元，仅2013年就支出了157.35万元。

HL区的年度社区居家养老服务经费按每个社区5万元标准下发，各街道按1∶1比例配置。从2013年起由区政府购买养老等社区服务，每个社区给予10万元购买经费，2013年合计区财政配套经费222.75万元，街道配套经费182.75万元。JM区政府购买公共服务的经费按不超过全区老年人口数4%进行预算，以2013年为例，预算人数为1040人，每月标准150元，全年共安排预算187万元，有区、街(镇)两级财政共同负担。HC区政府在2010—2013年期间，给予每一社区(村)居家养老服务站建设3万元经费补助。2014年已纳入年度居家养老经费212.986万元，其中服务经费128.5万元，活动场所租金84.486万元。TA区在2010—2013年期间，给予每一社区(村)居家养老服务站建设3万元经费补助。2014年区政府将XM市TA区TX社会工作服务中心承接的服务项目"XM 市 TA 区社区居家养老社工服务项目——夕阳'园'舞曲"资金 24.44 万元列入预算。XA 区财政给予每个社区(村)居家养老服务站 2 万元工作经费(含购买服务支出)。

(五)服务对象

居家养老服务对象为户籍在 XM 市且居住在辖区内的 60 周岁以上老年人。根据老年人的不同情况,分别明确为无偿或低偿服务对象、有偿服务对象和志愿服务对象。政府购买居家养老服务主要针对无偿或低偿服务对象,以发放服务券等形式支付服务费用。以 SM 区为例,居家养老无偿服务对象及低偿服务对象可享受每星期不少于 4 小时的政府购买服务,其中 3 小时家政服务,1 小时医疗服务;无偿服务对象每人每月由政府为其购买服务按照各街道与相关服务主体签订的收费标准执行;低偿服务对象按政府承担 70%,个人承担 30%的费用标准为老人提供家政及医疗服务。

(六)购买与实施

目前,XM 市级政府尚未实施政府购买居家养老服务,居家养老的日常运营与经费投入由各区政府承担。由市政府办、市老龄办、市民政局、市委宣传部等部门组成 XM 市居家养老服务工作领导小组,承担全市居家养老服务的整体规划,组织指导与实施监督等工作。在全市居家养老服务站建设期间,组成考评小组,负责检查考评各区居家养老服务工作方案的落实情况与效果,以及居家养老服务机构的准入、退出机制是否健全,服务标准、质量、收费结算是否规范,社会力量参与情况以及老年人的满意度等。如何选择与评估社会力量则由各区确定实施,一般由镇(街)、村(居)对服务机构进行评估验收,镇(街)再与服务机构进行费用结算,并上报区级居工办。

XM 市各区政府基本上采取购买服务项目的方式购买居家养老服务,由政府有关部门制定并发布居家养老服务需求以及预算经费,向符合条件的社会力量购买居家养老服务。具体步骤可分为服务项目的确定、承接主体的确定、购买合同的签订与履行、政府部门的监管与评估等。服务项目的确定以老年人的生活需求为导向,主要包括家政服务和医疗服务;承接主体的确定则主要采用议标的形式,服务效果良好的承接主体确定为定点单位,否则予以清退。购买合同则须明确服务标准、经费支付、双方的权利与义务,切实维护好老年人的合法权益;政府部门则注重加强对经费支付、使用、核销等全程的监管,确保居家养老服务工作经费严格按照财经纪律、财务管理制度的要求管好、用好,发现问题应及时纠正查处,并追究相关责任人的责任。就监督评估而言,以 SM 区为例,主要包括四个方面:

(1)反馈。助老服务员登门服务后，服务对象可随时向街道安康服务站、社区安康服务网点反馈助老服务员的服务情况。

(2)回访。街道安康服务站、社区安康服务网点每周至少回访一次服务对象，随时监督检查助老服务员的服务工作。

(3)考评。街道安康服务站和社区要做好服务时间记录和服务质量考核，并根据助老服务员服务质量每月考评一次。

(4)监督。区安康服务中心每月随机抽查一次街道安康服务站的工作情况，全面监督检查养老服务工作的进展，掌握情况，协调相关服务机构，解决服务中的问题。区安康服务中心、街道安康服务站、社区安康服务网点应设立公开电话，并向社会公布，随时受理来自各方面对养老服务社会化工作的意见。

(七)总结

XM市居家养老服务自2010年至2013年连续三年被列为省委、省政府和市委、市政府为民办实事项目，全市目前已经建设341个社区(村)居家养老服务站，实现了居家养老服务城市社区全覆盖的目标，有效缓解了千万家庭养老责任大而养老功能薄弱的难题。老年群体更是对此给予充分肯定。但由于居家养老涉及面广、信息化、市场化程度不足，还存在服务供求对接不及时、服务项目少、质量不高的问题，还难以满足老年人多样化、个性化的服务需求，尤其如政府购买居家养老服务目前仅停留在家政和医疗服务领域。除此之外，XM市政府购买居家养老服务还存在下述问题：(1)购买资金投入少，各区分布不平衡；(2)购买范围单一，老年人的服务需求与服务供给之间存在一定程度的错位；(3)政策宣传不到位，各区及社会公众对政府购买公共服务的认识还存在一定问题。

三、案例研究(二)：政府购买社会工作服务

改革开放以来，随着工业化、城镇化、市场化、信息化等的迅速发展，中国社会结构发生了翻天覆地的变化，各类社会问题也相继出现，尤其由于收入差距扩大、社会流动加快、社会分层凸现、社会不平等与社会不公现象日趋严重，社会不稳定因素增多，公民个人的物质和精神生活也面临着层出不穷的挑战。社会发展与社会现实迫切需要通过心理疏导、精神慰藉、行为矫治、关系调适、能力提升等新的专业化服务，满足公民个人，尤其是弱势群体和劣势社群的需要，缓和乃至化解社会矛盾，促进社会和谐。

社会工作是一种不以营利为目的的助人自助的专业性社会服务工作，是有组织的机构或团体为解决个人所遭遇的困难而实施的一种援助，是为协助

个人调整其社会关系而实施的各种服务。显然,作为一般公共服务主要提供者的政府因专业知识的缺乏、人财物的欠缺,特别是备受诟病的低效率高成本运作,难以满足社会转型期急剧增长的社会工作服务需求,因此不得不寻求其他的路径。以此为背景,社会工作在我国得到迅速发展。自 1984 年民政部第一次派团赴香港考察社会福利制度及社会工作教育情况以来,政策方面对社会工作发展的支持力度不断加大。近年来,更是逐步形成了政府一方面积极扶持培育社会工作机构,另一方面主动转移社会工作服务,由社会工作机构直接提供的模式。

自 2010 年底以来,为了进一步转变政府职能、创新社会治理、培育民办社会工作服务机构,提升社会工作专业服务水平,XM 市开始在 HL 区探索并推进政府购买公共服务。在随后的几年里,政府购买公共服务由 HL 区向其他区,由区级向市级不断扩展,并取得了良好的成效。本研究将以 HL 区政府购买社会工作服务的实践为主,结合市级购买与其他各区的购买情况,对 XM 市政府购买社会工作服务的基本情况作一介绍。

(一)购买主体

市、区两级相关职能部门、主要是民政部门,以及街道办事处是社会工作服务购买项目的主要购买主体。但是,根据《HL 区政府购买社会工作服务实施办法(试行)》的规定,以街道为主体购买的社工服务项目,必须经区民政局核定。

(二)承接主体

一般而言,可以参与到政府购买社会工作服务的社会力量应当为具有独立法人资格,拥有一支熟练运用社会工作知识、方法和技能的专业团队,具备完善的自身建设、良好的公信力以及较强的运营管理和专业服务能力的社会团体、民办非企业机构和基金会,具备相应条件和能力的企事业单位也可以参与进来。实践中,承接主体主要为一些民办社会工作服务机构。虽然提倡以公开招标方式确定承接主体,但这些社会机构一般通过定向购买的方式参与进来,如 HL 区的绝大部分项目都是如此,原因部分在于项目金额不大,多在 10 万元左右。当然也有少部分项目运用了公开招标形式,如前所述的 XM 市民政局 2013 年的三个社会工作项目,以及 HC 区 XY 街道 2013 年向 XW 社工服务中心购买的社会工作服务项目。

在《关于协商 2014 年度政府购买社工服务项目有关事项的函》中,HL 区民政局作出部分解释,"根据区委办、区府办下发的《HL 区政府购买社会工作服务实施办法(试行)》文件要求,政府购买社会工作服务原则上应通过公开招募或招标方式进行。鉴于政府购买社会工作服务还处于试点起步阶段,目前社工机构也仍处于初创阶段,缺乏机构等级资质和机构以往从事社工服务的考评结果等应当作为主要评标依据的指标。同时,考虑到机构在初创阶段需要扶持培育,通过项目实践才能提升服务专业性,以及社工服务的特殊性等因素,因此,此轮政府购买社工服务建议仍采取社区、街道意向、定向购买、专家评审相结合的方式购买。"

(三)购买范围与服务对象

《XM市政府购买和资助社会工作服务实施办法(试行)》规定的购买范围是:"按照'受益广泛、群众急需、服务专业'原则,重点围绕城市流动人口、农村留守人员、困难群体、特殊人群和受灾群众的个性化、多样化社会服务需求,组织开展政府购买社会工作服务。实施城市流动人口社会融入计划,为流动人口提供生活扶助、就业援助、生计发展、权益维护等服务。实施农村留守人员社会保护计划,帮助农村留守儿童、妇女和老人缓解生活困难,构建完善的社会保护与支持网络。实施老年人、残疾人社会照顾计划,为老年人和残疾人提供生活照料、精神慰藉、社会参与、代际沟通等服务。实施特殊群体社会关爱计划,帮助药物滥用人员、有不良行为青少年、流浪乞讨人员、社区矫正人员、刑释解教人员等特殊人群纠正行为偏差、疏导心理情绪、改善家庭和社区关系、恢复和发展社会功能。实施受灾群众生活重建计划,开展生活救助、心理疏导、社区重建、资源链接、生计项目开发等服务,帮助受灾群众重树生活信心、修复社会关系、恢复生产生活。"这几乎涵括了大部分社会工作领域。以HL区为例,2014年上半年计划购买9个社工服务项目,主要包括关爱老年人、女性、青少年,以及戒毒矫正、社工建设等领域,相关情况一并如表4-2所示:

表4-2 HL区2014年上半年政府购买社工服务情况

项目名称	拟购买单位	拟合作的机构	经费预算(万元)			备注
			财政预算	街道配套	合计	
社区居家养老"家庭病房"综合服务	DR、HT、HP、GD等11个社区	XH老年社会服务中心	85	85	170	除GD社区20万元以外,其余每个社区各15万元,共需经费170万元,财政预算85万元,街道配套75万元。

续表

项目名称	拟购买单位	拟合作的机构	经费预算（万元）			备注
			财政预算	街道配套	合计	
社工督导、社区团队建设项目	XH、JA 等 2 个社区	HX 社工师事务所	8	8	16	共需经费 16 万元，财政预算 8 万元，街道配套 8 万元。
流动人口社会融入社工服务	HL、ML 等 2 个社区	RX 工友服务中心	15	15	30	共需经费 30 万元，财政预算 15 万元，街道配套 15 万元。
残疾人关爱与支持社工服务	XC 社区	BA 社工服务中心	7.5	7.5	15	共需经费 15 万元，财政预算 7.5 万元，街道配套 7.5万元。
关爱残疾人、老年人社工服务	XG 社区	BA 社工服务中心	10	10	20	共需经费 20 万元，财政预算 10 万元，街道配套 10 万元。
女性成长项目	CL 社区	RX 工友服务中心	7.5	7.5	15	共需经费 15 万元，财政预算 7.5 万元，街道配套 7.5万元。
戒毒矫正社工服务项目	YS 社区	PS 社会服务中心	7.5	7.5	15	共需经费 15 万元，财政预算 7.5 万元，街道配套 7.5万元。
青少年社工服务	JH 社区	KX 社工服务中心	7.5	7.5	15	共需经费 15 万元，财政预算 7.5 万元，街道配套 7.5万元。
"子孙同行"家庭综合类服务	DD 社区	XH 老年社会服务中心	10	10	20	共需经费 20 万元，财政预算 10 万元，街道配套 10 万元。

合计：共 9 个项目，21 个社区，共需经费 316 万元，财政预算 158 万元，街道配套 158 万元。

（四）资金投入情况

截至目前，XM市购买专业社会工作服务投入资金1000多万元，其中市级资金175万元左右，SM区、HC区各30万元左右，HL区则达800余万元。资金主要来源于财政拨款，如前所述的三个市级购买项目系从福利彩票公益金中安排购买，也有少部分的社会资金，如HL区购买资金中有112.84万元来源于社会资金。此外，在HL区政府购买社会工作服务实践中，如果是以街道为主体购买的社工服务项目，在项目签订后，由区民政局负责落实配套经费，社区购买服务经费原则上按区、街两级财政各50％比例承担。

（五）服务项目情况

目前，XM市政府购买社会工作服务项目共计78个。据XM市民政局介绍，当前服务项目主要在区级政府层面购买，市级政府仅在2013年推出过三个公共服务购买项目，即关爱空巢老人、寄养孤儿、流浪未成年人。运作得比较好的有面向空巢老人、单亲家庭、残疾人、寄养孤儿、外来务工人员等群体的服务项目。空巢老人服务项目主要由XM市"温馨夕阳"咨询服务中心在前埔南社区开展；关爱单亲家庭服务项目由HL区XW社工服务中心负责开展；面向残疾人的项目由HL区HX社工师事务所负责开展；寄养孤儿项目由SM区QXQ社会工作师事务中心负责开展；外来务工人员项目开展得比较好的是HL区RX工友服务中心。

（六）购买与实施

当前政府购买社会工作服务主要采用购买服务项目的方式，较少采用购买服务岗位的方式（主要是为XM市社会工作协会购买了一位专职专业社会工作者）。具体的购买与实施往往遵循以下步骤：

（1）编制预算。根据XM市的经济社会发展水平以及社会公众的服务需求确定应当通过购买实现的社会工作服务项目的数量、规模，编制相应的预算报财政局审批。就此而言，无论是民政部门，还是财政部门都普遍反映缺乏统一的标准以合理有效地厘定服务价格，因而，如市级层面三个社会工作购买项目在财政审批阶段颇费周折。

（2）组织购买。实践中多通过定向购买的方式，确定承接主体，且承接主体多为政府自己扶持、培育的社会工作机构。以HL区为例，区民政局将政府所需购买的社会工作服务通过区政府网站或其他媒体向社会公布招标或招募邀请书，一般在接受机构申请前30个工作日，其内容包括：政府购买服务项目的名称；申报项目的内容及范围；实施项目的总体资金规模；申请人的资质、条件及申请时需提供的有关材料；受理的起始和截止时间、受理地址或网站、咨询联系方式等;其他需公布的信息。但实践中的运作似乎颇不如人意,部分承接主体认为政府购买公共服务的信息不够公开、透明。

(3)签订合同。购买主体与承接主体就购买服务的范围、数量、质量要求以及服务期限、资金支付方式、违约责任等内容缔结合同。在 HL 区的购买运作中,还要求在承接主体提交的服务方案中明确机构提供服务的范畴,服务方案作为合同附件,服务合同一年一签,期限较短。

(4)指导实施。由财政和民政部门负责下拨购买经费,指导、督促服务承接主体严格履行合同义务,按时完成服务项目任务,保证服务数量、质量和效果。以 HL 区为例,区民政局牵头协调,保证及时下拨购买经费,同时定期组织项目情况汇报会,监督指导项目实施。市民政局的三个项目的监督与评估验收,则主要委托给 XM 市社会工作协会开展,并准备制定《XM 市政府购买社会工作服务评估实施办法》。

(七)总结

XM 市的政府购买社会工作服务最早由 HL 区试点探索,至今已有三四年。虽然其他区不同程度地存在政府购买社会工作服务的活动,但总的来说,各地区在政府购买社会工作服务上发展并不平衡,无论是资金,还是项目,还是社会工作机构的发展,都以 HL 区为最繁盛。经过这几年的探索,HL 区已经形成了一套比较成形的运作框架,并以规范性文件的形式在《HL 区政府购买社会工作服务实施办法(试行)》中予以明确,自 2013 年《XM 市政府购买和资助社会工作服务实施办法(试行)》颁布以后,XM 市的政府购买社会工作服务有了比较统一、明确的指导。

尽管如此,即使在发展比较迅速的 HL 区,政府购买社会工作服务的运作仍然面临着重重问题。政府购买社会工作服务,本质上是运用市场机制,转移政府职能,但调研发现,实践中呈现出"政府职能确实转移,但市场机制缺位"的现象。HL 区民政部门负责人指出,不是不想,而是没办法。主要原因在于,当前作为社会工作服务项目主要承接主体的社会工作机构数量还比较少,发展时间较短,实践经验不足,社工队伍比较年轻,自我生存能力比较弱。尚处于襁褓之中的社工机构显然无法形成有效的市场竞争环境。因而,HL 区政府当前主要通过定向购买的方式开展政府购买社会工作服务活动。一方面,社会工作机构的充分发展是政府购买社会工作服务真正市场化的前提,另一方面,当下政府购买很大程度上成为扶持和培育社会工作机构的重要手段。就未来政府购买社会工作服务的发展而言,HL 区民政部门负责人指出,政府要继续加大人、财、物方面的支持力度,强化对社会工作的宣传与推动,以形成社会力量广泛参与社会工作的氛围。

第三节　XM 市社会组织发展情况简述

一、基本情况

随着市场经济的迅速发展,各类社会问题逐渐显露,保障和改善民生的急迫性以及公民自主意识的觉醒迫使政府不得不由内而外,诉诸社会力量,社会组织得到了迅速发展。这一转变在 XM 市尤为明显:社会组织在推进经济平稳较快发展和社会和谐稳定中发挥着越来越大的作用,已经形成不同类别、不同层次、覆盖广泛的社会组织体系。[①] 截至 2013 年年底,XM 市登记备案的社会组织有 2480 个:社会团体 1065 个(市级 610 个,区级 455 个);民办非企业单位 926 个(市级 277 个,区级 699 个);备案社区社会组织 471 个;登记的台湾经贸社团代表机构 13 个;基金会 5 个。其中民办社会工作服务机构有 11 家。社会组织的领域分布如图 4-2、4-3 所示。

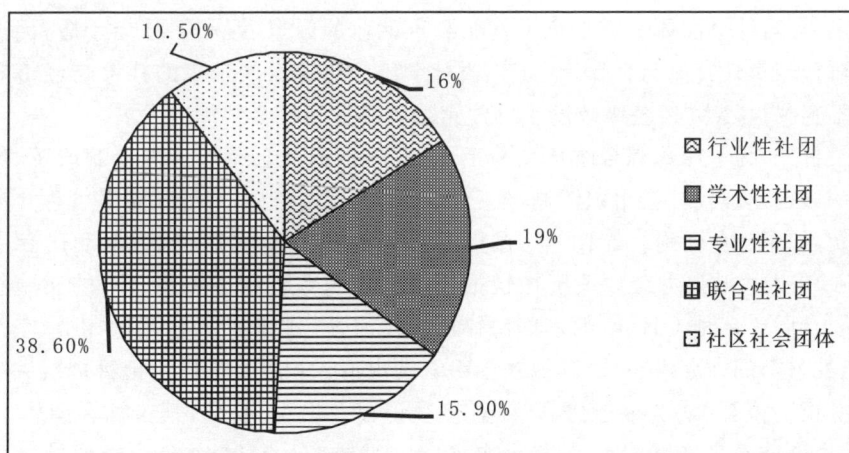

10.50%　16%
19%
38.60%　15.90%

☒ 行业性社团
■ 学术性社团
☐ 专业性社团
⊞ 联合性社团
☐ 社区社会团体

图 4-2　社会团体分布情况

---

① 刘光彩.加强管理 促进发展——XM 社会组织发展现状及对策建议[J].学会,2011(2).

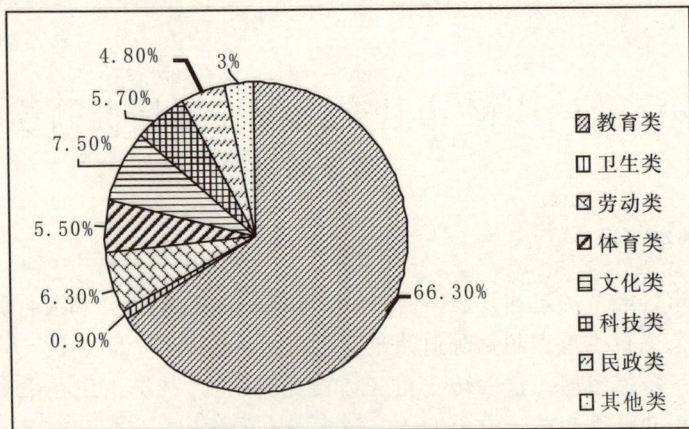

图 4-3　民办非企业单位分布情况

　　各类社会组织在 XM 市的经济社会发展中发挥了不同程度的重要作用，如社区社会组织深入基层社区，了解人民群众的意见与建议，及时反馈给政府，促进了民主法制建设；民办非企业单位采取多样化手段和灵活的机制，利用社会资源，扩大了社会服务领域，适应了人民群众日益增长的多元物质文化需求，且与社会团体一道拓宽了就业和再就业的渠道，缓和了社会矛盾，促进了对台与对外交流与合作。[①] 正因为社会组织迅速发展带来的社会与经济效益不容忽视，XM 市各级政府十分注重培育和扶持社会组织的发展。

　　首先，为了深化综合改革试验工作，有序推进社会组织管理体制改革，努力探索构建现代社会组织体制，实行社会组织直接登记，并继续备案管理台湾经贸社团代表机构。2013 年，在借鉴外地先进经验的基础上，推动出台了《XM 市人民政府办公厅关于加快推进社会组织登记管理体制改革的实施意见》，自同年 7 月 1 日起，除依据法律法规需前置行政审批及政治法律类、宗教类、社科类的社会组织外，其他社会组织的申请人均可直接向登记管理机关申请登记。截至 2014 年年初，已经直接登记社会组织 56 个，其中社会团体 18 个，民办非企业单位 32 个，基金会 6 个。此外，已有 14 个台湾经贸社团在 XM 市代表机构在此挂牌成立，其范围由经济类扩大到经济、教育、科技、文

[①] 据初步统计，仅市级社会团体和民办非企业单位，这几年来为社会提供的就业岗位约达 3000 个。参见刘光彩. 加强管理　促进发展——XM 社会组织发展现状及对策建议[J]. 学会, 2011(2).

化、卫生、环保、体育、慈善等领域。

其次，为了促进社会组织有序发展，引导社会组织健全内部管理制度，强化法人治理结构，优化社会组织功能，积极开展社会组织等级评估工作，并于2012年发布《关于开展社会组织评估工作的实施意见》进一步规范社会组织评估工作。目前，市级社会组织有880家，除去登记未满二年的190家、年检不合格或连续二年年检基本合格的44家外，应参加评估的社会组织646家，已评估401家，参评率为62%。此外，政府亦积极组织业务能力培训，大力培养社会组织，尤其是社会工作人才。区级层面上，HL区与HC区借鉴中小科技企业孵化园的做法，前者于2010年成立XM市首个社会工作服务机构孵化园，后者则于2014年成立XM市首个新XM人服务综合体和新XM人社会组织孵化基地。孵化园或者孵化基地主要通过提供专项服务（聘请社工及专家，为入驻社会组织提供个性化辅导和培训，在项目申报、项目策划、活动举办、财务托管等方面提供协助）、硬件服务（免费提供办公、会议场地等基础服务设施设备）、后勤服务（公共水电、公共环境卫生和物业管理等），探索社会组织的孵化培育与长效发展，创新社会治理体制，促进社会组织迅速成长，并积极参与到公共服务中。

最后，推进政府购买社会组织服务。2013年3月，XM市民政局、财政局联合印发《XM市政府购买和资助社会工作服务实施办法（试行）》，鼓励并扶持社会组织参与社会工作服务购买活动，明确承接政府转移职能和购买服务的社会组织应具备的资质条件，确定具备承接政府职能转移和购买服务资质的社会组织目录的程序与方式。目前，XM市民政局已经初步编制社会组织目录，明确了第一批具有资质条件承接政府转移职能和购买服务的社会组织，共计75家，其中社会团体52家，民办非企业单位23家。此外，指导并监督慈善总会"雨润弱苗"孤困儿童帮扶试点项目等三个中央财政支持社会组织参与社会服务项目顺利执行，并通过最终审计。

社会组织对于经济社会发展的重要性毋庸置疑，尽管有诸般政策推动，但实践中，XM市的社会组织之发展仍然存在一些问题。从社会组织自身来看，问题主要表现在以下几个方面：（1）人员结构不均衡、年龄偏大、低学历人员偏多，"在对448个市级社会团体的调研中，统计出这些社会团体共有工作人员2946人，其中：专职工作人员1121个，占工作人员总数的38.05%，没有达到每个社团至少有1至2个专职工作人员的要求；行业协会有工作人员658个，专职工作人员392个，专职工作人员占行业协会工作人员总数的59.6%，近一半的行业协会没有专职工作人员；行业协会离、退休和离岗待退人员89个，占行业协会专职工作人员总数的 23%"。(2)经费困难,自我生存能力不足,社会团体除会费、捐赠免税外,其他收入很少,同时还要参照企业缴纳营业税、所得税,市级社会团体 2009 年年末经费结余在 3 万元以下的有 73 个,约占当年社会团体总数的 17%;市级民办非企业单位 2009 年年末经费结余在 3 万元以下的有 28 个,约占当年民办非企业单位总数的 25%。亦有相当一部分社会组织面向会员、企业、社会开展工作少,为会员、企业服务不到位,作用不明显,社会各方资助社会组织的积极性不高。(3)缺乏有效的自律机制、制度建设不健全。整体上,社会组织党建工作还处于薄弱状态,市级社会团体和民办非企业单位已建立党委的 3 个,建立党总支的 2 个,建立党支部的 29 个,建立党小组的 9 个,合计占其总数 688 个的 5.52%。不少社会组织自律意识、责任意识不强,自身对社会组织的认识不到位。[①] 从社会组织发展的外部环境来看,问题主要在于法律规范不健全,尤其 XM 市尚无关于社会组织的专门地方性立法,社会组织的法律地位和职能、职责不明确,扶持和监管的政策措施无法律保障,多是依靠主管部门制定的规范性文件运作,各部门之间也存在职能交叉,管理错乱的情况,由之,社会组织的独立性难以充分保障,反而对行政机关的依附性太强。当政府向社会组织购买公共服务推广开来之后,这些问题愈加凸显。

二、社会工作服务机构发展情况

社会工作服务机构是近年来 XM 市政府购买公共服务项目的主要承接主体,也是 XM 市各级政府着力推动发展的一类社会组织。自 2007 年,HL 区被民政部正式批准为全国社会工作人才队伍建设综合试点先行区以来,以其为先导,XM 市的社会工作服务机构逐渐成长起来。当前,XM 市关于社会工作服务机构的主要政策文件如表 4-3 所示。不难发现,无论是人力、财力、物力等方面,政府对于社会工作服务机构都给予了很大程度的支持。颇为有趣的是,社会工作服务机构的扶持及培育与政府购买公共服务有效地连通起来,以社会工作服务机构的发展促进政府购买公共服务的有序化、规范化,反过来,又以政府购买公共服务为契机,推动社会工作服务机构迅速成长。这一点在《XM 市政府购买和资助社会工作服务实施办法》中表现得淋漓尽致。

---

① 相关数据参见刘光彩.加强管理 促进发展——XM 社会组织发展现状及对策建议[J].学会,2011(2).

表 4-3　XM 市关于社会工作服务机构的主要政策文件

时间	名称
2013-09-30	HL 区政府购买社会工作服务实施办法(试行)
2013-03-05	XM 市政府购买和资助社会工作服务实施办法(试行)
2013-03-05	XM 市推进民办社会工作服务机构发展实施办法(试行)
2012-11-02	XM 市民办社会工作服务机构经费扶持工作方案
2012-11-02	XM 市优秀专业社会工作服务项目评选方案(试行)
2012-07-13	XM 市《关于加强社会工作专业人才队伍建设的实施意见》

　　然而,社会工作服务机构的成熟化绝非一朝一夕之事。经过六年左右的发展,XM 市目前共有 11 家社会工作服务机构,机构名称、服务范围及成立时间,如表 4-4 所示。现有 11 家社会机构中 8 家在 HL 区登记注册,实际上由 HL 区扶持培育而成。社会工作服务机构不仅数量少,而且分布不均衡。就 11 家社会工作机构的服务范围而言,可谓各有专攻,目前似不可能形成相互竞争、促进发展的局面。不过这一两年来,已经开始出现以某一领域为主攻,参与其他服务领域的综合发展趋势,如 XW 社工服务中心由最初的关爱单亲妈妈项目到青少年、城市流动人口方面的项目;XH 老年社会服务中心由养老服务到关爱单亲妈妈项目,发展成为"家庭综合服务"社工机构。

表 4-4　XM 市社会工作服务机构情况

序号	机构名称	服务范围	成立时间
1	HL 区 XH 老年社会服务中心	社区综合养老服务	2011.6
2	HL 区 BA 社工服务中心	残疾人社区社会工作服务	2012.4
3	HL 区 HX 社工师事务所	残疾人社区社会工作服务,社会工作服务评估	2011.10
4	HL 区 RX 工友服务中心	外来工服务,关爱流浪儿童	2007.11
5	HL 区 XW 社工服务中心	关爱单亲家庭、亲子沟通交流	2009.12
6	XM 市"温馨夕阳"咨询服务中心	为 XM 市"2012999'温馨夕阳'老年服务热线"提供志愿咨询服务;为有困难的人群提供公益性咨询服务;在社区开展老年社会工作服务。	2010.8

续表

序号	机构名称	服务范围	成立时间
7	SM 区 QXQ 社会工作师事务中心	寄养孤儿及家庭、智障者及其照顾者、社区服务（空巢老人、未成年人）	2011.6
8	HL 区 KX 社工服务中心	社区社会工作	2013.9
9	HL 区 ZH 社工事务所	企业社会工作服务、学校社会工作服务和对台社工交流合作	2013.8
10	HL 区 PS 社会服务中心	为有需要的个人、家庭及社会群体提供专业的社工服务	2013.10
11	HC 区 QXQ 社会工作事务中心	提供社会工作咨询、辅导、服务,开展社会工作课题研究、宣传、学术交流、知识培训、承接社会工作服务项目	2013.5

此外,由于大部分服务机构都是在近两年内成立,难说已经具备了比较成熟的运作机制。正如 HL 区民政局负责人所言,"目前 XM 市的社会工作服务机构数量较少,发展时间较短,实践经验尚不足,社工队伍比较年轻,还需要依靠政府的大力支持。"实际上,在对部分社会工作服务机构访谈的过程中,机构负责人均承认这些问题的存在——社会工作服务机构的发展尚处于起步阶段,不得不依靠政府的大力支持。如 XH 老年社会服务中心负责人指出,现在社会工作服务机构发展还不成熟,还不具备独立存活的能力,政府的支持是极为必要的,否则,若无政府所给项目支撑机构运作,连机构工作人员的工资都成问题。起步较早、发展颇为迅速的 XW 社工服务中心负责人则指出,当前依赖政府是社会工作服务机构发展初级阶段的必然,但总的趋势还是,社会工作服务机构本身要走出去,要主动发展自身,而不能被动等待政府的扶持。除了政府"给"的服务项目之外,部分社会工作服务机构已经开始寻求其他社会力量的支持,如寻求社会捐助、积极参与其他基金的服务项目。2014 年,XW 社工服务中心针对城市流动人口的"'情暖新 XM 人'城市融入与社工服务示范项目"就获得李嘉诚基金会大爱之行重点示范项目立项。2014 年,XM 万禹国际广场向 HL 区 XH 老年社会服务中心出资 120 万,购买八个社区的居家养老社工专业服务。

除了部分社会工作机构开始走出去,主动寻求发展道路外,以 HL 区为例,也逐渐形成了"培育＋购买"的模式,以扶持社工机构的发展。当前,HL

区的 8 家社工机构各至少承接本区 1 项社工服务购买项目。此外，HL 区还借鉴中小科技企业孵化园的做法，于 2010 年建成全市首个民办社工机构孵化园，现在面积有 700 多平方米，本区八家社会工作服务机构全部入驻，并通过免租金、提供部分办公用品的形式，重点扶持培育基础良好、有发展潜力的民办社工机构。

总　结

一、政府购买公共服务广泛存在，其重要性得到普遍承认

尽管，政府购买公共服务近年来才渐次呈现在国家以及各级政府部门的政策文件之中，但政府购买公共服务，或者说公共服务供给市场化本身在 XM 市并非新生事物，甚至，事实上，乃是 XM 市部分政府部门一直采取的公共服务供给模式。如各民政局或老龄委集中推出的养老服务，呈现出以社会力量为主导的趋势，政府部门则主要扮演了牵线搭桥、监督管理的角色。HC 区人社局在公益性岗位提供、公共职业介绍服务、职业培训等方面也多依靠社会力量，多通过政策补贴的方式促进公共服务供给职能的履行。HC 区经贸局在农村客运以及大型节庆活动方面，也一直采用引入市场机制，通过定向委托、政府购买的方式，满足公民的服务需求。值得一提的是，这些早已采购政府购买方式满足社会公共服务需求的部门多表示，实施效果良好，也受到了人民的普遍肯定。

正是这些先在的实施经验以及较好的实施效果，为政府购买公共服务的推进奠定了基础。政府购买公共服务的重要性已成为毋庸置疑的事实，不仅市级部门，区级各部门，包括已经购买公共服务的与未购买公共服务的，均想积极推动政府购买公共服务的展开。如 HC 区教育局目前虽未采取政府购买公共服务的方式提供基本教育服务，但亦有着长远的政府购买教育服务的计划，如向民办幼儿园购买学位，以优惠券形式补助未能在公办幼儿园就读的幼儿等。作为社会工作服务主要提供者的民政局则表示在现有公共服务购买项目的基础上继续推进更广泛的购买。政府购买公共服务之所以出现这样的局面，一方面源于作为公共服务主要提供者的政府本身存在人力、物力、财力不足的问题。公共服务的公益性和公共性决定了其涉及面极为广泛，对象范围广、结构复杂；服务事项繁多、趋向专业化需求，这些都导致了政府本身的力不

从心,也必然催促政府尽快转变在公共服务供给中的角色,如此才能适应越来越繁杂的公共服务需求。如 XM 市体育局就指出在编人员仅有二十几位,显然无法承担日益繁杂的公共体育服务,实际上,公共体育领域一直存在着公私合作的情况。另一方面的原因则在于由中央到地方对政府职能转型,尤其政府购买公共服务这种公共服务供给方式的推动,也为各政府部门实施购买提供了政策支持。

此外,对政府购买公共服务之重要性的普遍肯认,还体现为政府对社工机构发展的扶持,如 HL 区与 HC 区社会组织孵化基地的成立,以及社工机构发展过程中所受到的相关物质和项目支持等,同时诸多政府部门也注重借鉴其他省市乃至国外政府购买公共服务的经验,承认其为公共服务供给的发展趋势。尤值一提的是,社会组织孵化基地集十大功能于一身,即公益理念的普及、社会组织孵化培育、社会组织能力建设、社会组织评估、社会组织信息交流、社会工作人才实践、社会组织成果展示、公益资源共享、社会组织政策咨询、社会组织集中监督,这些都为政府购买公共服务的进一步展开创造了良好的社会基础。

二、政府购买公共服务虽已具雏形,但仍不够成熟

首先,政府层面对政府购买公共服务的实际认识仍存问题。

判断特定公共服务供给活动是否为政府购买公共服务的主要依据在于政府与社会力量之间是否为一种购买关系,即由社会力量直接提供原由政府提供的公共服务,政府支付一定的对价给社会力量,公共服务之提供系连接两者的纽带或购买关系的标的。众所周知,政府与社会力量合作模式包括公办民营、民办公助,而政府购买公共服务似乎无法归属于两者之间,系政府与社会力量之间的一种新型合作模式。另一个关键因素在于何谓公共服务。受访部门多认为政府购买公共服务中的"公共服务"不包括政府基于自身运作所需要的服务,如后勤服务等,如老龄委所从事的公共服务购买事项为居家养老服务;民政局购买的公共服务事项为社会工作服务,主要包括关爱寄养孤儿、空巢老人、流浪未成年人等。然而,在何谓"政府购买"上还存在认识困境,如财政局感到颇为困扰的一个问题就是,政府购买公共服务与政府采购的关系;而在关于体育局的访谈中,几乎混淆了政府与社会力量的合作与政府购买公共服务。这一方面源于缺乏明确的法律厘定相关概念,另一方面源于实践中,政府与社会力量之间的关系错综复杂。

其次,政府购买公共服务的运作仍不够规范。

　　虽然政府购买公共服务早已普遍存在，其重要性也得到了广泛的承认，但遗憾的是，从经费预算、承接主体的选择、购买项目的实施乃至政府角色的定位都存在不少问题。从经费预算的角度来说，各部门均表示公共服务购买项目的经费主要来源于部门预算，多无专门的财政资金支持，财政部门则表示公共服务本身的难估价性导致预算困难，缺乏统一标准，尽管亦有部分企业捐资支持政府购买公共服务，但经费问题仍然是政府购买公共服务能否广泛推行的掣肘之处。从承接主体的选择来看，政府购买公共服务就是要在公共服务领域引入市场机制，通过公平竞争，推进公共服务供给质与量的提升，这直接体现在公共服务购买程序的设置是否为潜在的承接主体提供了平等的进入机会。然而，从现有的政府购买公共服务项目的运作来看，尤其是社会工作服务方面，承接主体的选择多由政府部门直接指定，竞争因素杳无踪迹。目前社会工作服务购买方面，唯一通过招投标这种公开竞争形式确定承接主体的是新阳街道社会工作服务项目。须承认的是，这些问题的出现存在多方面的原因，甚至可以说并非有些政府部门不想，而是不能。从购买项目的实施来看，承接主体在项目实施上自主性显然不足。据调查，尤其在社会工作服务方面，购买项目多以社区为单位，承接主体与社区基层组织之间的关系成为购买项目能够顺利展开的关键，一般而言，项目经费中有一部分必须支付给社区基层组织，以要求其协助提供服务，如某一单亲妈妈项目的经费总额为10万元，其中必须拿出2万元来给社区基层组织。当然，这与承接主体的外来性、社区基层组织的内源性有着千丝万缕的联系，但拨给社区基层组织的费用的正当性却值得怀疑。常理来看，承接主体系接受相关政府部门委托从事面向接受对象的直接、无偿的公共服务供给，协助公共服务供给的展开本就是社区基层组织的责任，也有利于基层治理工作的开展。在项目经费总额本来就很少的情况下，仍需拿出不小的数额给社区，值得反思。从政府角色的定位来看，政府购买公共服务意味着政府部门由公共服务的直接提供者转变为公共服务供给的监督者，角色的转变决定了政府必须从具体的公共服务供给中抽身而出，政府部门与承接主体之间的关系应为平等民事主体的关系，应当尊重承接主体在公共服务供给中的自主性。现实问题不在于政府是否干涉了公共服务供给中承接主体的自主性，而多在于政府有没有充分履行监督责任，这主要体现在合同管理与评估验收方面，尤其是后者。调研表明，即使政府各部门本身也充分意识到在合同管理与评估验收方面存在很大问题，尤其是评估机制在公开性、公正性方面存在欠缺，如多为政府自行验收，第三方介入不足、缺乏统一的评估标准。

再次,政府购买公共服务的资金投入规模不足,购买范围有限。

市级层面,除老龄委在居家养老服务、体育局在公共体育服务方面,一直都存在广泛的政府购买公共服务外,作为社会工作服务主要承担者的民政局所实施的政府购买公共服务项目有限。尽管面临着沉重的社会工作服务供给压力,现有的三个项目,即"回巢行动"关爱未成年人、"温馨夕阳暖空巢""同一片蓝天"关爱寄养孤儿,在批准实施上也是几经周折。财政部门则反映由于公共服务本身的特殊性,尚无统一的衡量定价标准,加之国家在政府购买公共服务方面尚无明确的法律依据,因而不得不慎之又慎。据统计,截至 2015 年,XM 市政府购买专业社会工作服务的资金投入在 1000 万元左右,涉及服务项目 78 个,服务群体涵盖了老年人、青少年、残疾人、单亲家庭、失独家庭、低保户、外来务工人员等。具体购买项目往往以一年为期,项目金额从 10 万到几十万、甚或百万不等,但项目金额通常不会太大。承担政府购买项目的社工机构则普遍反映承担项目的同时,往往入不敷出,甚至难以维持机构的生存。

最后,XM 市政府购买公共服务虽遍及各区,但分布极不平衡。资金投入上,如前所述,以社会工作服务购买为例,仅 HL 区就占了一半以上;购买主体上,市级政府当前并未广泛参与到其中,多以区级政府购买为主,居家养老服务领域就是如此。

三、政府购买公共服务有效展开的困境主要在于社会组织发展不成熟

政府购买公共服务的主要特点在于,政府将原先由自己直接提供的公共服务交由社会力量提供,因此,是否存在足以承担公共服务供给或者说有资质的社会力量成为政府购买公共服务能否有效展开的关键。在诸多能够承担公共服务供给的社会力量中,尤以社会组织,特别是一些公益性、服务类的社工机构为主。然而,遗憾的是,当前社工机构的发展远非成熟。作为最早试水社会工作机构的地区,HL 区目前拥有 8 家社会工作机构,SM 区与 HC 区各只有一家社工机构,其他区没有。社工机构数量少,且分布不平衡。当然,在某种程度上这或许不会影响社会工作机构跨区承担公共服务购买项目。仍需注意的是,尽管近年来开始出现综合化的趋势,这些社工机构实际上各有专攻,因而,在社会工作服务购买方面,似乎难以形成相互竞争的态势,即使引入XM 市以外的社工机构,由于本土化的问题,困难也仍然存在。如当前唯一以招投标形式购买社会工作服务的 XY 街道项目,虽然面向全国招标,但却经历两次流标,最终在三家竞标的组织中,确定 XW 社工服务中心,可谓一波三折。由此,政府购买公共服务上直接推广招投标方式确定承接主体的问题上,

必须合理考虑社会组织发展的实际情况。

　　总体来说,XM市社会组织的发展不够成熟,甚至还无法形成有效的竞争机制。以社会工作服务机构为例,目前XM市共有13家社工机构,大部分由政府推动成立,政府的扶持与介入贯穿社工机构发展的始终,甚至部分社工机构的存续当下主要依赖政府提供的购买项目,项目的持续期限直接影响社工机构的存续,而社工工资收入普遍直接来源于购买项目的数量和金额,这都导致政府与社工组织之间的关系较为复杂。一方面,社工机构仅仅在近五六年间逐渐兴起,其发展必然需要政府提供较为适宜的社会环境,包括提供社工机构赖以维继的服务购买项目,以及促进宣传、提高社会对社工服务的认识度;另一方面,社工组织如要获得充分的发展,则必须摆脱对政府的直接、被动依赖,将这种依赖转化为对政府这一平台的利用,推进自身的成熟与完善。不过,值得一提的是,有些社工组织正逐步由被动等待政府给项目转向主动申请项目,其独立存活能力逐渐提升。

附 录

一、政府购买公共服务购买主体基础问卷

您好,为了解 XM 市政府购买公共服务的基本情况,我们受相关部门委托组织此次问卷调查。您的参与对于调查具有重要意义,衷心感谢您的帮助和支持。

请勾选您认为合适的选项,如无特别注明则为单选题,只有一个答案;如选择"其他",请在"_____"注明具体内容。

第一部分:基本情况

1.贵单位性质:

A.行政机关

B.参照公务员法管理、具有行政管理职能的事业单位

C.纳入行政编制管理且经费由财政负担的群团组织

2.贵单位向社会提供的公共服务有:_____

3.贵单位是否曾经或正在通过政府购买的方式提供公共服务?

A.是(转第二部分)　　　　　　B.否(转第 4 题)

4.贵单位是否打算通过政府购买的方式提供公共服务?

A.是　　　　　　　　　　　B.否

第二部分:针对曾经或正在通过政府购买公共服务的单位

5.贵单位通过购买方式提供公共服务的原因是什么?(可多选)

A.降低政府公共服务成本

B. 提高公共服务质量和效率

C. 满足社会公共服务需求

D. 推动社会组织等的发展,优化政府与社会的关系

E. 政策推动或跟风

F. 其他:_____

6. 贵单位采用政府购买方式提供的公共服务有哪些?

A. 公共教育服务   B. 公共卫生服务

C. 公共文化服务   D. 社会工作服务

E. 基础设施   F. 社会保障服务

G. 其他:_____

7. 贵单位主要向哪些社会力量购买公共服务?

A. 社会组织   B. 企业法人

C. 事业单位   D. 其他:_____

8. 贵单位购买公共服务的资金来源:

A. 财政拨款   B. 本单位自身营利性活动

C. 其他:_____

9. 贵单位是否已经形成了比较规范化的政府购买公共服务程序?

A. 是   B. 否

10. 贵单位购买公共服务的方式有哪些?(多选)

A. 公开招标   B. 邀请招标

C. 竞争性谈判   D. 单一来源

E. 询价   F. 其他:_____

11. 通过政府购买,由社会力量直接提供公共服务的过程中,贵单位的职责有哪些?(多选)

A. 确定需购买公共服务的范围

B. 制定政府购买公共服务的规划方案

C. 发布政府购买公共服务相关的信息

D. 监督社会力量提供公共服务

E. 评估并验收社会力量提供的公共服务

F. 其他:_____

12. 贵单位如何对公共服务购买项目进行评估验收?

A. 本单位制定具体的评估标准,自行验收

B. 建立了购买主体、服务对象及第三方组成的综合性评审机制

C.由第三方进行评估验收

13.贵单位有无向社会公布公共服务购买项目的评估效果?

A.有,评估结果必须向社会公布 B.没有公布

14.贵单位所实施的政府购买公共服务项目运作如何?

A.良好,公共服务的质量和效率都有明显提高

B.还行,但仍然存在一些问题

C.不好,没有取得任何明显效果

15.贵单位认为所实施的政府购买公共服务项目还存在哪些问题?(多选)

A.缺乏法律保障,尚无明确、统一的法律规范依据

B.购买程序不够规范,公开性、公正性不足

C.购买主体与承接主体之间关系不对等,社会力量发展受到限制

D.购买范围及购买数量不足

E.配套制度不够完善,如与社会力量发展相关的制度

F.其他:_____

16.贵单位对于政府购买公共服务有哪些建议,请写出:

_____

_____

_____

问卷到此结束,再次致谢!

二、政府购买公共服务承接主体基础问卷

您好,为了解 XM 市政府购买公共服务的基本情况,我们受相关部门委托组织此次问卷调查。您的参与对于调查具有重要意义,衷心感谢您的帮助和支持。

请勾选您认为合适的选项,如无特别注明则为单选题,只有一个答案;如选择"其他",请在"＿＿＿＿＿＿＿＿"注明具体内容。

第一部分　基本情况

1.贵组织/单位的性质:

A.事业单位　　　B.国有企业　　　C.私营企业　　　D.社团组织

2.贵组织/单位主要提供哪些公共服务:(多选)

A.教育服务　　　B.医疗卫生　　　C.养老保障　　　D.就业保障

E.住房保障　　　F.环境保护　　　G.公共安全　　　H.残疾人服务

I.青少年服务　　J.公共交通　　　K.其他:＿＿＿＿＿＿＿＿

3.贵单位/组织目前工作人员数量:

全职工作人员有＿＿＿＿＿＿人;兼职工作人员有＿＿＿＿＿＿人;

志愿者有＿＿＿＿＿＿人。

4.贵单位/组织的主要资金来源有哪些?(多选)

A.提供有偿服务获取资金　　　　　B.会员费

C.社会捐赠　　　　　　　　　　　D.政府采购或政府拨款

E.商业赞助　　　　　　　　　　　F.项目收入

5.贵组织/单位的主要支出有哪些?(　　　　)(多选)

A.行政办公支出　　　　　　　　　B.工资福利支出

C.公共服务支出　　　　　　　　　D.其他业务活动支出

6.贵组织/单位是否受到过政府的资助或扶持?

A.是　　　　　B.否

7.政府提供的资助或扶持有哪些?(　　　　)(多选)

A.提供资金支持　　　　　　　　　B.免费或优惠提供办公场所

C.精神鼓励(表彰)　　　　　　　　D.提供政策支持

157

E. 解决工作人员编制　　　　　　　F. 其他_____

8. 贵单位/组织是否听说过政府向社会力量购买公共服务?

A. 是　　　　　　B. 否

9. 贵组织/单位的发展情况?

A. 发展势头良好,具备承担政府购买公共服务项目的能力

B. 发展一般,还存在一些资金、管理、制度、人员等问题

C. 发展并不乐观,资金、管理、制度、人员等方面还存在很大问题

10. 贵组织/单位认为目前发展遇到的主要问题是:

A. 缺乏资金　　　　　　　　　　B. 缺乏人才

C. 自身组织能力有待提高　　　　D. 缺乏社会支持

E. 行政干预过多　　　　　　　　F. 缺乏国家政策支持

G. 其他:_____

11. 贵组织/单位是否参与过政府购买公共服务项目?

A. 是

B. 否,但有意向参与(跳至第22题)

C. 否,且没有意向参与(问卷到此结束,感谢您的参与!)

第二部分　针对参与政府购买公共服务的组织或单位

12. 贵组织/单位通过何种途径了解到政府购买公共服务的信息?

A. 报纸/电视/网络等媒体

B. 有关政府部门通知

C. 行业组织通知

D. 其他:_____

13. 贵组织/单位如何承接到政府购买公共服务项目的?

A. 公开招标　　　　B. 邀请招标　　　　C. 竞争性谈判

D. 单一来源采购　　E. 询价　　　　　　F. 其他:_____

14. 贵组织/单位为承接并实施政府购买公共服务项目,采取了哪些措施?
(多选)

A. 对相关工作人员进行培训

B. 调整内部机构设置

C. 广泛征求社会公众意见,建立并健全相关公共服务供给制度

D. 积极与政府部门沟通,推进公共服务项目的实施

E. 没有做任何改变

F. 其他：_____

15.贵组织/单位在承接政府购买公共服务项目的过程中,遇到过哪些问题?(多选)

A. 采购信息不公开发布或者发布不详细、不及时

B. 采购程序缺乏公平性、透明性,且不完善

C. 政府购买公共服务缺乏明确的法律依据

D. 承接(购买)合同不规范

E. 与政府的关系不平等,政府操纵承接过程

F. 承接结果不公布

G. 其他：_____

16.贵组织/单位在实施政府购买公共服务项目的过程中,遇到过哪些问题?(多选)

A. 缺乏资金　　　　　　　　B. 缺乏人员

C. 制度不健全　　　　　　　D. 政府干预过多

E. 政府优惠没有落实　　　　F. 社区群众不了解

G. 其他：_____

17.贵组织/单位认为由社会力量提供公共服务的优势有哪些?

A. 灵活性比较大　B. 更具有专业性　C. 更加务实,服务质量高

D. 更了解和贴近公众的服务需求　　E. 社会认同度高

F. 促进政府职能转型,优化公共服务供给机制

G. 其他：_____

18.贵组织/单位在实施公共服务项目过程中,政府是如何进行监督的?

(1)监督形式

A. 定期检查　　　B. 中期检查　　　C.终期检查　　　D. 从不检查

(2)监督方式

A. 纸质报告　　　B. 听取汇报　　　C. 实地考察　　　D. 其他：____

19.贵组织/单位在实施公共服务过程中,如何进行内部监督?

A. 内部实行负责人制

B. 将工作人员服务情况纳入绩效考核

C. 要求工作人员之间相互自觉监督

D. 没有任何内部监督制度

E 其他：_____

20.贵组织/单位认为政府购买服务在哪些方面可以加强？（多选）

A.采购信息要及时且详尽公布　　　B.采购程序要公开透明

C.政府监督制度要完善　　　　　　D.专家评审程序

E.采购内容及范围要明确　　　　　F.其他：_____

21.贵组织/单位是否还会继续参与并承接政府购买公共服务项目？

A.是　　　　　B.否

22.贵组织/单位对政府购买公共服务的未来发展,有何建设性意见？

_____

_____

_____

问卷到此结束,再次致谢！

三、政府购买公共服务受益人基础问卷①

您好！为了进一步了解公众对政府购买公共服务的认知度,特此制作问卷,本问卷不署名,请放心作答。您的参与对此次调查具有重大意义,衷心感谢您的帮助与支持!

我们会对问卷第一部分作保密处理。请勾选您认为合适的选项,如无特别注明则为单选题,只有一个答案;如选择"其他",请在"＿＿＿＿"注明具体内容。

第一部分:基本信息

1.您的性别:

A.男　　　　　　　B.女

2.您的年龄段:

A.25 岁以下　　　B.25—55 岁　　　C.55 岁以上

3.您的受教育程度:

A.大专以下　　　B.本科　　　　　C.研究生

4.您目前的工作状态:

A.学生　　　　　B.工作　　　　　C.失业　　　　　D.退休

5.您的平均月收入为:

A.2000 元以下　　B.2000～6000 元　C.6000 元以上

6.您的户口类型和所在地:

A.本地城镇户口　　　　　　　B.本地农业户口

C.外地城镇户口　　　　　　　D.外地农业户口

第二部分

7.您是否接受过×××组织提供的公共服务?

A.非常频繁　　　B.比较频繁　　　C.偶尔几次　　　D.只有一两次

---

① 本问卷来自王浦劬,莱斯特·M.萨拉蒙,等.政府向社会组织购买公共服务研究[M].北京:北京大学出版社,2010:194-196.

8. 您是通过何种途径了解到该组织相关服务内容的呢？

A. 报纸/电视/网络   B. 宣传单

C. 居委会   D. 有关政府部门告知

E. 家人朋友推荐   F. 该组织亲自推荐

9. 您是否满意该组织提供的服务？

A. 满意(转第 4 题)   B. 一般,没什么感觉

C. 不满意(转第 5 题)

10. 您满意该组织提供的服务的主要原因是什么？（多选）

A. 服务质量高   B. 服务效率高

C. 能很方便地接受到服务   D. 服务态度好

E. 服务有针对性

11. 您不满意该组织提供的服务的主要原因是什么？（多选）

A. 服务质量不高   B. 服务效率不高

C. 不能很方便地接受到服务   D. 服务态度不好

E. 服务没有针对性

12. 您是否满意现居地政府所提供的各类公共服务？

A. 满意   B. 一般,没什么感觉

C. 不满意

13. 就您的现居住地而言,您认为下列哪些情况与前两年相比有无变化：

	1 变好了	2 没变化	3 变差了
A. 教育服务			
B. 医疗卫生			
C. 养老保障			
D. 就业保障			
E. 住房保障			
F. 环境保护			
G. 公共安全			
H. 残疾人服务			
I. 青少年服务			
J. 公共交通			

14. 您觉得现居地目前迫切要改善的工作是:(多选)

A. 教育服务　　　　B. 医疗卫生　　　　C. 养老保障　　　　D. 就业保障

E. 住房保障　　　　F. 环境保护　　　　G. 公共安全　　　　H. 残疾人服务

I. 青少年服务　　　J. 公共交通

K. 其他:_____

15. 您是否听说过政府购买公共服务?

A. 没听过　　　　　B. 略有耳闻　　　　C. 听过并了解

16. 您是否赞同以政府向社会力量(社会组织和企事业单位)购买的方式提供一些领域的公共服务?

A. 赞同,很有必要

B. 不赞同,没有必要(转至最后一题)

17. 您赞同以政府向社会力量购买的方式提供公共服务的主要原因是:

A. 公共服务效率和质量会有所提高

B. 能够更便捷地接受到服务

C. 降低政府提供服务的成本

D. 有助于减少腐败

E. 有助于转变政府职能

F. 其他:_____

18. 为了让政府更好地提供公共服务,您是否有其他建议,请写出来:

_____

_____

_____

问卷到此结束,再次致谢!

后 记

本书源起于厦门市法制局委托课题"政府购买公共服务立法研究",与课题最终研究报告相比,内容上有所调整。课题本身旨在探讨政府购买公共服务的立法时机问题,但在研究过程中,逐渐演变为一场关于立法前评估理论的适用实验。囿于研究者水平及能力,政府购买公共服务的立法前评估论证在研究视野、调研深度以及理论探讨等方面必然还存在诸多不足,尚祈读者批评指正。

法制局丁贤志老师、姜宏老师、阮庆文老师等为本研究的展开提供了诸多便利;我的导师刘连泰教授从研究方法到研究内容都给予了细心指导,并不辞辛苦,联络出版事宜;甘世恒老师和刘宁学姐为本书的最终出版提供了诸多帮助;学长左迪、师妹蔡玲晓、梁漪等同门也曾帮忙收集资料、协调调研事宜。没有你们,就没有本书的出版,在此一并致以最衷心的感谢!

刘玉姿

2016 年 1 月 20 日